★ **DESOBEDIÊNCIA** ★

IANA VILLELA

DES
DÊN

Rio de Janeiro – 2024

✱ ✱ ✱ ✱ ✱ ✱

OBE
CIA

OU → **O QUE NO FUTURO CHAMAREMOS DE LUCIDEZ**

Copyright © 2024, Iana Villela. Todos os direitos reservados.

Todos os direitos desta publicação são reservados à Casa dos Livros Editora LTDA. Nenhuma parte desta obra pode ser apropriada e estocada em sistema de banco de dados ou processo similar, em qualquer forma ou meio, seja eletrônico, de fotocópia, gravação etc., sem a permissão dos detentores do copyright.

REVISÃO Rodrigo Austregésilo
DESIGN DE CAPA E PROJETO GRÁFICO Flávia Castanheira
DIAGRAMAÇÃO Abreu's System

Dados Internacionais de Catalogação na Publicação (CIP)
(Câmara Brasileira do Livro, SP, Brasil)

Villela, Iana
  Desobediência : ou o que no futuro chamaremos de lucidez / Iana Villela. – Rio de Janeiro : HarperCollins Brasil, 2024.

  ISBN 978-65-5511-602-1

  1. Autoestima em mulheres 2. Desobediência civil 3. Feminismo 4. Mulheres - Comportamento I. Título.

24-218618   CDD-305.42

Índice para catálogo sistemático:
1. Mulheres : Aspectos sociais : Sociologia   305.42
Bibliotecária responsável: Tábata Alves da Silva – CRB-8/9253

HarperCollins Brasil é uma marca licenciada à Casa dos Livros Editora LTDA. Todos os direitos reservados à Casa dos Livros Editora LTDA.

Rua da Quitanda, 86, sala 601A – Centro,
Rio de Janeiro/RJ – CEP 20091-005
Tel.: (21) 3175-1030
www.harpercollins.com.br

Para minha trisavó Eulália
que roubava dinheiro do meu trisavô
sempre que tinha chance
e foi a primeira de uma linhagem
de mulheres desobedientes

- 11   Apresentação
- 17   Síndrome de Estocolmo
- 25   Quem perguntou?
- 33   Torre de Pisa
- 39   Mas ele é tão legal
- 45   O passado é feminista
- 51   Feminista de merda
- 57   Feminismo ancestral
- 63   Meu corpo, regras de quem?
- 69   A fábrica de homens adultos funcionais
- 75   Prisão de quem?
- 83   Pensamentos que não digo em voz alta
- 89   Grande gostosa
- 97   Silêncio
- 105   Microviolências
- 113   O direito de ser péssima
- 119   Mulheres em extinção
- 127   Meu Ozempic
- 133   Quitinete
- 139   O amor pode ser uma estante empenada
- 145   Livre, enfim
- 153   Desobediência
- 159   Agradecimentos

"E se disseres que ajo como louca
eu te respondo que só sou louca
na razão de um louco."

Antígona, de Sófocles

"Fé nas malucas."

ditado popular

APRESENTAÇÃO

Tudo começou quando abri um caderno de perguntas da década de 1990, que respondi ainda criança. Nas minhas frases, eu lia uma menina doce, calma, fácil de lidar. O meu irmão, dois anos mais velho, vinha na contramão. A obediência nunca foi um pilar da nossa casa. Não tínhamos hora para dormir, nem para estudar para provas — e embora eu discorde desse excesso de liberdade, não dá para dizer que alguns frutos positivos não vieram desse espaço enorme e vazio, onde era possível criar. Eu comecei a escrever peças de teatro, protótipos de livros, lia incansavelmente e planejava me tornar o próximo Luis Fernando Veríssimo (pobre menina sem referências femininas) porque minha mãe desobedeceu a um sistema que a condenava a trabalhar fora, sustentar uma casa, dar conta de dois filhos, organizar a vida e os estudos das crianças, sem um segundo para descanso. Minha mãe, diante dessa cobrança, tocava violão. Frequentava shows. Ouvia discos. E nem por um segundo se incomodava com o falatório sobre a maternidade dela, que deu um pouco errado — e também muito certo — porque assim é a vida em cada um dos seus aspectos.

Minha mãe foi filha da Dona Walkyria, operária de fábrica, doceira e minha avó. Com temperamento forte e muita disposição, abraçava o mundo e não obedecia a ninguém. Cuidava dos filhos, dos netos e dos vizinhos, dava a roupa do corpo para quem precisasse ao mesmo tempo que mandava a síndica do condomínio onde ela morava, na Ilha do Governador, "tomar no cu" porque foi desrespeitosa com a filha dela. A vó Kyria era um produto dos tempos antigos, orgulhosamente dona de casa e cuidadora, mas com uma ferocidade estranha ao padrão de mulher da época. Esse estrondo interior era carregado em um pódio interno e a sede de nunca se domar ou deixar ser domada era, também, um orgulho para ela.

Eu fui fruto caído aos pés da árvore. No recreio da escola, com 8 anos de idade, joguei um copo de guaraná em um menino que resolveu implicar com o meu cabelo – ficamos os dois de castigo. Precisei aprender a pedir desculpas cedo porque falava o que me vinha à cabeça. Nunca fui conhecida por ser calma ou quieta e meu trabalho interno sempre foi o de controlar meus impulsos mais do que descobrir quais eram.

Quando eu, jovem adulta, li minhas respostas no caderno de perguntas, tão dóceis, obedientes, emulando um comportamento esperado mas tão artificial quanto bala vendida no sinal, comecei a questionar de onde vinha aquela máscara. Não era da minha casa, quem me criava tricotava longe dessas linhas e eu era jovem demais para estar sob a tão temida "influência de amigos". Então onde começava esse fio falso de história? Por que eu queria apagar a desobediência da minha vida, escrevendo tão dentro das linhas predeterminadas, enquanto meu irmão não se importava com qual formato sairia o próprio riscado? A quem eu queria impressionar? O que eu queria parecer?

Foi respondendo a essas perguntas, ao longo de anos em textos publicados na internet, nas revistas, como *TPM*, e mais recentemente na TV e a tantos outros lugares incríveis que abriram as portas para minhas reflexões, que construí este livro.

Já adianto que não encontrei respostas, mas trago ainda mais questionamentos sobre os pilares que sustentam a nossa sociedade esmagando a autoestima de mulheres, que cimentam blocos de sustentação endurecendo nossa existência e convido a todas e todos a refletir sobre esse grande e incrível ato de desobediência ao absurdo que, no futuro, espero que seja considerado apenas agir de forma lúcida.

Aos meus leitores que sempre perguntavam quando eu lançaria um livro, aqui está. É mais de vocês do que meu.

SÍNDROME DE ESTOCOLMO

O ano é 1997. Eu tenho 12 anos e estou voltando da praia com a canga amarrada na cintura, feito saia pareô, e biquíni cortininha — os únicos possíveis na moda da época. Em um trajeto de quinze minutos de caminhada, ouço que sou linda. Acho bom, ser linda é ótimo. Ouço também buzinadas e não me incomodo. Nem me cruza a mente a ideia de que um carro pode parar, me sequestrar e fazer sabe-se lá o quê comigo. Um homem passa por mim e exclama "que teta deliciosa". Sinto um ardor no rosto e meu coração dispara. "Teta" é uma palavra forte, grosseira. Até aquele dia, eu não entendia que meninas de 12 anos poderiam, aos olhos de homens adultos, ser mais do que "lindas". Podiam ter tetas. Dessas que são mamadas. Acelero o passo para entrar em uma rua menos deserta de um bairro privilegiadíssimo, chego em casa e não conto para ninguém o que aconteceu. Coloco os "linda", "gostosa", "meu deus" na caixa dos elogios e enterro o "teta deliciosa" na mente por vergonha. Vergonha dos meus seios, que passo a amarrar em tops apertadíssimos para evitar novos "vexames", mesmo eu não sendo responsável pelo que não sai da minha boca. Para mim, eu só podia ter provocado aquela situação. Mulheres são provocantes. A culpa era minha. Quem manda andar de biquíni na rua? Em uma cidade litorânea? Voltando da praia? Aquele homem provavelmente esqueceu da minha existência no segundo em que virou a esquina. Eu me lembrei dele para o resto da vida. Andei ressabiada nas ruas por anos. As consequências de uma frase de três segundos me ardem até hoje.

Comecei a escrever sobre feminismo entre 2012 e 2013, com uns textos bem infantis e primários no Facebook, quinze anos depois da memória mais antiga que tenho de violência sexual. Essa lembrança certamente não foi o primeiro assédio sofrido por mim, porque a verdade é que não me lembro da primeira vez que um homem me assediou. Provavelmente encarei como elogio, segui a doutrina da importância da atenção masculina e ignorei que violência e invasão não são apreço. Meus primeiros textos me ajudaram a caminhar por um trajeto difícil de consciência. Cada conceito lido e assimilado era um passo para fora dos ciclos tortuosos do machismo e outro para dentro das agressões sofridas quase diariamente por anos a fio. A ignorância parece um edredom quentinho porque nos desconecta dos solavancos sexistas e frios da vida, mas os únicos beneficiados por essa falta de percepção são os agressores, livres para perpetuarem violências sem serem cobrados.

De lá para cá, foram anos de muito barulho, movimento *#metoo*, campanha "chega de fiu fiu", postagens sobre o #meuamigooculto denunciando assediadores ou pais ausentes ou salafrários incapazes de respeitar mulheres. A onda feminista digital tomou conta de vários países e redes sociais, um sopro de esperança para todas (e sempre fomos muitas) jogando um pouco de pólvora nessa fogueira. A sensação de mudança era inevitável. A sensação de que os homens estavam, no mínimo, com um pouco mais de medo de objetificar mulheres era palpável. A impressão era de que a condenação de Harvey Weinstein tinha diminuído os testes do sofá da indústria audiovisual. De que, finalmente, era mais confortável andar nas ruas, e de que ir à praia de biquíni, ou voltar da academia com shorts de lycra, se tornou um trajeto pacífico. Os olhares eram raros. As baixarias verbais, então, bissextas. Eu só esqueci um detalhe: o passar desses anos de militância digital foi, também, a minha virada para os 30 anos de idade. Perdi as bochechas infantis, os 52 quilos habituais viraram 56, meu rosto e meu corpo, apesar de magro e dentro dos padrões rígidos da sociedade, ficaram mais maduros — e isso não tinha nada a ver com nenhum movimento feminista. Era o tempo agindo sobre minha pele e curvas, me deslocando do sujeito "menina" para o "mulher". Foi com o desabafo de uma amiga sobre a filha de 12 anos ser alvo de assédio pesado na rua que a grande ficha caiu: o mundo não estava melhor, meu rosto e meu corpo é que, sem nenhum traço infantil, estavam desbotados no imaginário sexual (e violento) masculino.

A preferência por corpos infantis é desejo sim, mas por controle, e não por sexo, como é comum confundir. Em uma pesquisa rápida na internet, é possível encontrar vários artigos publicados entre 2007 e 2015, chefiados por universidades respeitadas ao redor do mundo, justificando o "favoritismo" com argumentos como "homens mais velhos procuram parceiras mais novas pela garantia de filhos" e "mulheres mais jovens têm mães também mais jovens que podem ajudar a cuidar da prole".* A quarta onda feminista inundou as redes sociais com questionamentos denunciando a falta de análise dos fatores sociais em pesquisas do tipo e acendendo a fogueira das reais motivações por trás desse assédio contra meninas.

Crianças são o grupo mais vulnerável em todos os aspectos e, por isso, são menos propensas a denunciar compor-

---

* **POR QUE os homens preferem as mais jovens? A resposta está com as... avós.** *Veja*. Disponível em: https://veja.abril.com.br/ciencia/por-que-os-homens-preferem-as-mais-jovens-a-resposta-esta-com-as-avos. Acesso em: 8 jul. 2024.
Estudo analisa por que homens preferem mulheres mais novas. *Folha Online* - Ciência. Disponível em: https://www1.folha.uol.com.br/folha/ciencia/ult306u323947.shtml. Acesso em: 11 jul. 2024.

tamentos impróprios. Quanto mais jovem, mais subjugada às vontades e ordens de homens mais velhos. Aos 12 anos, os hormônios da maior parte das meninas já estão em ação fazendo o corpo despontar, e é nessa fase limítrofe entre o corpo com curvas e a infantilidade mental que está a presa perfeita para que eles possam se esparramar sem grandes consequências. Ser expulsa da infância por homens falando obscenidades na rua é deixar com que as meninas coloquem o primeiro pé na adolescência impulsionadas pelo receio.

A diferença entre assédio sexual e estupro é que o segundo acontece no âmbito particular da vida do agressor e é fortemente condenado por outros homens. O crime, inclusive, pode levar a linchamentos (principalmente se o estuprador for negro e estiver em vulnerabilidade social). Já assediar mulheres, especialmente as novas demais para se queixarem, é socialmente aceito, e a falta de seriedade com que essa ação é encarada traz consequências para as nossas vidas, aprofunda a falta de pesquisas sobre o assunto e, também, de políticas públicas de educação e repressão dessa atitude.

Em um dos raros estudos disponíveis, a ONU Mulheres e a ONG Promundo analisaram o comportamento de homens no Norte da África e no Oriente Médio, e o resultado foi preocupante, mas sem espantos. Um em cada três homens admitiu já ter assediado (seja em forma de "elogios" ou olhares explícitos) mulheres na rua. Ao serem questionados sobre as motivações, 90% responderam fazer "por diversão". Uma outra pesquisa da Universidade Politécnica de Kwantlen, do Canadá, registrou que 73% dos homens consideram o assédio nas ruas uma forma de flerte, outro comportamento da casa da diversão. A pergunta é: divertido para quem?

Saiu na imprensa que uma psicóloga ficou à deriva no mar em uma prancha de stand-up paddle até ser resgatada pelo administrador da Ilha dos Porcos, em Angra dos Reis. A mulher de 53 anos fugiu da mansão de um homem rico ao ser hostilizada por ele e ouvir que na ilha particular não trabalhavam mulheres. A ideia de estar rodeada de homens e isolada a fez chamar o local de "ilha do medo", em entrevista ao jornal *O Globo*, e a fugir em desespero quando os marinheiros se recusaram a levá-la para outro lugar. Eu não consigo imaginar um homem fugindo de uma ilha lotada de mulheres, pelo contrário. Essa é provavelmente a materialização de um sonho para muitos deles. A disparidade entre gêneros faz parecer que existe uma distância de compreensão sobre a diversão de uma pessoa do sexo masculino ser o tormento de uma pessoa do sexo feminino. Mas a falha não está na compreensão, e sim na honestidade das respostas dadas às pesquisas.

Se os assédios nas ruas fazem com que mulheres se sintam oprimidas e a resposta feminina a essas ações em geral são temor ou indignação, o que diverte os homens? Seria no mínimo inocente acreditar que não há ganho com o despertar desses sentimentos. O medo é útil para fugirmos de possíveis ameaças, mas, em excesso, nos leva a quadros graves de ansiedade (não à toa nós temos o dobro de diagnóstico de ansiedade em comparação aos homens)* e nos paralisa. Mulheres paralisadas evitam conflitos, obedecem com mais facilidade, são esvaziadas de força.

Para reverter esse quadro, é preciso reivindicar políticas públicas e campanhas de educação voltadas para homens, e também é preciso ensinar o contrário do que vem sendo pregado às mulheres. Desfazer a ideia de que palavras de assédio na rua são elogios é barrar a estrada que termina falando de

---

* **Mulheres têm o dobro de diagnóstico de ansiedade e depressão em relação aos homens.** CDD - Crônicos do Dia a Dia. Disponível em: https://shorturl.at/LlTWx. Acesso em: 11 jul. 2024.

"tetas" ou "bocetas", também já ouvido por mim antes dos 15 anos. É nos livrarmos dessa síndrome de Estocolmo que transformou uma violência que no fundo nos amedronta em troféu a ser guardado, almejado, em vez de denunciado.

Se eu soubesse, antes da fatídica volta da praia, que os comentários dos homens nas ruas sobre o meu corpo não eram elogios, muito menos verdades colecionáveis sobre mim, provavelmente teria entendido que ver meus seios em formação como "tetas deliciosas" era um ato violento que não deveria ser internalizado.

Nomear o que acontece, chamar de assédio, compreender as raízes, as consequências e responder à altura quando o local for seguro é nossa arma pessoal para não amarrar os seios em tops apertados por anos. Cobrar formas de repressão legais a essa cultura tão disseminada é a nossa arma coletiva.

QUEM PERGUNTOU?

Eu estava na padaria com a minha mãe quando a funcionária do caixa pediu dois reais trocados. Minha mãe olhou a carteira e disse que não tinha. Não tinha porque mais cedo levou meu primo para tomar sorvete. E levou para tomar sorvete porque estava quente, então sorvete cairia bem, e o vendedor de sorvetes não aceitava cartão. Então, ela usou todas as moedas para pagar o sorvete. E por isso ela não tinha dois reais trocados.

Foi um parágrafo inteiro de resposta para uma pergunta tão simples.

Outro dia, uma amiga pediu uma água em um café onde estávamos. Passada quase uma hora, ela pediu outra e se desculpou fortemente. Disse que estava dando trabalho para a garçonete porque tinha problema renal. E, para não formar cálculos, precisava beber água toda hora. E que ela podia pedir duas de uma vez, mas não pensou nisso. Finalizou com mais um pedido de desculpas.

Foi outro parágrafo de justificativas por pedir uma água.

As cenas me chamaram a atenção pela semelhança: é comum mulheres explicarem de forma extensa um pedido ou uma negação enquanto homens não explicam quase nada.

Eu sou uma defensora feroz da delicadeza não feminina, mas humanitária. Precisamos tratar todos com cuidado e respeito — e essa é a linha da civilidade mínima. Mas explicar em detalhes apologéticos a resposta negativa a um pedido ou apenas uma demanda não é uma cortesia comum cravada em cartilhas de etiqueta — e também não se trata só de uma sociabilidade natural de quem gosta de jogar conversa fora. Existe, por trás do comportamento, a necessidade de justificar o desejo ou impossibilidade, como se essas opções não estivessem naturalmente disponíveis em nosso mundo.

NEGAR

Fala-se muito que o corpo da mulher é público para receber comentários, ser ordenado pela lei, ser tocado sem permissão. O que não se fala tanto é que tão público quanto o nosso corpo é o nosso tempo. Se deixamos a casa bagunçada e escolhemos sair para beber com as amigas, o que deveria ser uma decisão pessoal de diversão vira um debate aberto destrinchando a capacidade da mulher de gerir a própria casa. O homem que escolhe beber com os amigos em vez de ir ao supermercado está praticando o direito inalienável de fazer o que bem entende com o próprio tempo.

A mulher que abre mão da guarda dos filhos para trabalhar em uma realidade sem rede de apoio tem a maternidade taxada como deficiente. O pai que faz a mesma escolha é só mais um homem focado na carreira, como tantos em nossas famílias e círculos de amigos.

Nessa lógica, somos celebradas como mulheres quando cedemos nosso tempo sem fronteiras para dedicar energia e horas a outras pessoas. A avó exclusivamente devotada aos cuidados da família, que cozinha, lava, passa, ajuda os vizinhos e leva as crianças para a escola, faz parte da nossa memória afetiva. A avó que não tinha amigos e que nunca parou de trabalhar. A avó que nunca descansou.

Acredito que essas mulheres tenham sido felizes nessa entrega, mas questiono a formulação dessa satisfação — quanto ela está ligada ao amor que recebemos e quais as vias que nos trazem esse mesmo amor? Quanto criamos nossa expectativa de bem-estar em cima do que nos é ensinado e do que vemos em exemplos em vez de focarmos em nossos desejos primários?

Amia Srinivasan, professora de teoria social e política no All Souls College, da Universidade de Oxford, fala no livro *O direito ao sexo* sobre a influência da mídia e da cultura em nossos desejos sexuais. O assunto, extremamente delicado e sensível, não é uma cartilha do que é autorizado como prazer. Essas áreas do nosso subconsciente têm vida própria e, se não envolvem crime, não existe certo ou errado. A proposta de Srinivasan é questionar essas origens: por que pessoas magras costumam ter mais apelo sexual do que as gordas? Por que a beleza eurocêntrica é a preferência em concursos de beleza e aplicativos de namoro? Expandindo o assunto para além dos desejos sexuais: por que tantas mulheres mais velhas encontram plenitude ao cuidar do outro? Se a sociedade e a cultura moldam nossa atração sexual, não é errado supor que influenciam também o que reconhecemos como completude.

Na contemporaneidade, são raras as mulheres plenamente satisfeitas por meio do cuidado. A entrada no mercado de trabalho expôs a sobrecarga da rotina doméstica, mas isso não nos libertou nem dos afazeres, muito menos da culpa por negar essa entrega.

DEMANDAR
Se nosso lugar de honra nas relações, sejam familiares ou amorosas, é o de entrega absoluta, ter necessidades e verbalizá-las é um quebra-molas inconveniente no caminho de ser amada.

Demandar passa obrigatoriamente pela compreensão do próprio desejo ou necessidade. Quando empregamos a maior parte da nossa energia em atender as vontades do outro, consultar a si mesmo torna-se obsoleto — e começamos a tropeçar antes mesmo de sabermos o que pedir.

Eu sou filha da geração que dizia "criança não tem querer". Esse "carinho" era a frase finalizadora de conversas tanto para meninos como para meninas. A puberdade dá voz aos futuros homens, tornando-se um curativo no "cala a boca" da infância. Já para mulheres, o tempo reforça a falta de voz. Sempre que somos interrompidas em reuniões de trabalho, rodas de conversa, quando temos nossas palavras desacreditadas, há um recado sendo passado de que a origem dos nossos desejos não importa. Haja terapia e autoconhecimento para exercitar o hábito de nos enxergar como um indivíduo que importa.

A mulher que consegue ultrapassar esse primeiro obstáculo e aprende a se ouvir precisa encarar ainda uma segunda etapa: a coragem para demandar os desejos — ou a falta deles. Não faz muito tempo que, em todo almoço ou jantar combinado com amigos, a minha primeira pergunta era "o que vocês querem comer?". Existe uma cordialidade em ouvir todos, mas não era só isso. Eu nem ao menos pensava se naquele dia eu queria comer uma massa, ou sushi, ou se eu queria ir ao cinema em vez de jantar. Votações sobre o programa a ser feito em grupo são justas, mas nem ao menos cogitar o que se quer é uma luz de alerta. Depois de três décadas surdas para as minhas vontades, transformei essa consulta a mim mesma em um exercício diário. Sempre que penso em perguntar o que a outra pessoa quer, paro e questiono a mim mesma "o que *eu* quero?". Muitas vezes, levo minhas vontades como sugestão, em algumas acato o outro e está tudo bem. Ninguém quer ser um ditador e, de vez em quando, ceder para ver outras pessoas felizes faz parte. Mas é preciso equilíbrio.

Eis uma equação difícil: quando não temos nossas vontades consideradas e somos educadas e coagidas a servir, qualquer fator que nos coloque no centro como indivíduos, em vez de suporte para terceiros, soa como uma inadequação a ser explicada. É legítimo esse sentimento de culpa e a necessidade de escrever dentro da margem imposta com parágrafos de justificativas. Por isso, é fundamental questionar quem desenhou essas linhas e, toda vez que percebermos um excesso de explicação, emendar para nós mesmas com um "quem perguntou?". Não é fácil, mas é possível.

TORRE DE PISA*

Eu fui uma adolescente deslocada do espaço. Parece poético, mas, na verdade, era só complicado. Nasci no subúrbio do Rio de Janeiro e me mudei com 9 anos para a Lagoa, bairro chique onde moravam os donos de livrarias das novelas do Manoel Carlos. Tudo isso depois da separação traumática dos meus pais, intensamente vivida e muito mal explicada — como tudo na vida das crianças dos anos 1990.

Comecei a estudar em uma escola em Ipanema e nada se encaixava. A casa sem a figura paterna, as minhas gírias da Zona Norte entranhadas nas sílabas, a hipervigilância dos pais da Zona Sul capotando na liberdade que eu estava acostumada, com os pés descalços e as brincadeiras que corriam soltas em colisão com os chinelos dentro de apartamentos encerados. Na comunidade Subúrbio, todos são responsáveis pelas crianças do bairro, então não é preciso que pais e responsáveis enfiem uma luneta nas interações diárias dos filhos e isso, para mim, era respirar.

Eu envergava de um lado para me encaixar nos trejeitos cheios de frufru das novas amigas porque o pertencimento é um casaco quentinho quando não se reconhece mais a própria casa. Ao mesmo tempo, eu me retorcia para não perder o chão que me era familiar, com os pés cascudos, a bola rolando no meio da rua e as canelas pretas de tanto correr descalça no asfalto. Nesse balé de aço, sempre me senti um pouco disforme. Apátrida de bairro, com os pés fincados em um chão e os braços esticados para alcançar o outro lado do túnel.

Recentemente, em uma temporada de férias na Itália fui, contra os conselhos de quase todos que conheço, visitar Pisa (me apresentada como "a cidade que não tem nada, só a Torre"). Passei o dia inteiro encantada pelo lugar, que tem o tamanho de um bairro grande do Rio de Janeiro. Me perdi por horas nas ruas belíssimas, vi estudantes tirando fotos de formatura, sentei em uma cantina bem *italianona*, comi pizza, e passei horas admirando a tal da torre envergada.

A Torre de Pisa foi construída em 1173 e, por um erro de cálculo, uma parte da base afundou logo no início das obras. Uma guerra interrompeu a empreitada, dando tempo para o solo movimentado sedimentar e, se não fosse isso, talvez a torre tivesse desmoronado. Quase cem anos depois, a obra foi concluída da forma possível: torta mesmo, quase desabando, mas com um charme peculiar. Hoje, a torre é considerada um monumento, proclamada pela UNESCO como Patrimônio da Humanidade e é uma das atrações turísticas mais visitadas do mundo. Se a execução da obra tivesse sido perfeita, impecável, uma estrada macia sem qualquer percalço, a torre provavelmente nunca teria corrido o risco de desabar, mas também não seria nada de especial.

Eu sempre imagino a nossa personalidade como um caleidoscópio das nossas experiências e, a cada girada, novas cores se formam, novas formas tomam conta, um novo cenário se faz possível. Sem os movimentos, tudo fica muito desinteressante. Mais do mesmo. As voltas do tubo nem sempre são gostosas, uma base mal sedimentada pode parecer que vai levar tudo ao chão, mas basta o tempo para assentar a instabilidade e revelar a obra de arte. Nossa beleza, se olharmos com atenção, é a poeira das nossas alegrias e traumas.

Hoje, eu falo alto demais para a Zona Sul do Rio, me visto extravagante demais para a Ilha do Governador, mas me sinto em casa e acolhida nos dois lugares não pela forma como os bairros me olham, mas por eu ter meus próprios alicerces muito bem sedimentados. Mesmo que algumas pessoas classifiquem como inadequação esse desencaixe (e a inadequação para mulheres pode ser socialmente mortal). Mesmo lutando para mostrar que o que nos diferencia é o que nos torna originais, ainda que o mundo tente uniformizar nossa existência. Mesmo envergada, sei bem onde piso. Torto por torto, estamos todos. Melhor abraçar do que viver em obras.

---

* Texto publicado originalmente na newsletter quinzenal da Iana Villela no Substack.

MAS ELE É TÃO LEGAL

No meu último aniversário, me fiz uma das maiores promessas da vida. Estávamos tomando um vinho na minha casa e, em um ímpeto bastante infantil, um amigo me confessou estar encantado por uma das convidadas. Ela, de fato, era encantadora. Inteligente, bem-sucedida, carismática e dona de cabelos ondulados saídos de comercial de shampoo. Estar encantado por ela era constatar o óbvio. Fiz a ponte, contei a ela sobre a paquera e recebi de volta uma franzida de nariz clássica de quem cheirou e não gostou. Pensar no meu amigo, um homem íntegro e bacana, levando uma negativa sem a menor chance de conversa me partiu o coração. Banquei a cupida e falei: "Mas ele é *tão legal*".

Toda mulher sabe que palavra de amiga tem poder, então a moça paquerada ficou com o "amigo-tão-legal" e... durou menos de três semanas. O motivo era simples, ela não queria desde o início e isso deveria ter sido o suficiente para eu não insistir.

Não foi difícil entender o encosto de tia casamenteira que se abateu sobre mim e possui quase todas nós quando o assunto é amigas solteiras. Eu segui a cartilha patriarcal em que se lê em letras garrafais "não há desejo maior do que o de um homem, nem mesmo o nosso". Para completar, a tragédia de não respeitar o querer de uma mulher foi justificada com a frase mais leviana possível.

"Ele é tão legal."

Como se ser legal não fosse o mínimo não só para um relacionamento, mas para qualquer interação com outro ser vivo. A lista de queixas das mulheres solteiras e heterossexuais (a bissexualidade me fez escapar desse balaio) é extensa. Ouço histórias sobre *ghosting*, quando o homem desaparece sem deixar vestígios ou ter uma conversa sinalizando o fim da ficada, sobre as traições públicas (que também acontecem entre mulheres, mas em menor escala), sobre a falta de cuidado com a aparência e higiene (homens, comprem roupas direitas e lavem o cabelo) sempre vindas de amigas que são preocupadas com o sentimento do outro, sempre têm assuntos interessantes a falar e estão constantemente belas e cheirosas. O desequilíbrio entre o esforço para se fazer minimamente atraente para o outro é gritante.

Livia e eu temos um jogo controverso e politicamente incorreto chamado "olha a disparidade". Sempre que estamos em um restaurante, julgamos a aparência dos casais heterossexuais à nossa volta usando os padrões rígidos que as mulheres enfrentam. Em anos de observação, foram raros os rapazes cumprindo os pré-requisitos de magreza, cabelos bem cuidados, pele sem marcas fazendo par com mulheres que não preenchiam as mesmas lacunas. Já as moças, claramente se esforçando para serem aprovadas por essas regras, inúmeras vezes acompanhavam homens sem uma gota de preocupação. Muitos caras, acredito, "legais".

Outro jogo que temos é "quantos homens tem aqui?". Todo programa cultural, seja teatro ou exposição, é lotado de mulheres observando novos cenários, interessadas nas obras que o mundo exibe em museus e palcos. As aparições masculinas são raríssimas e, quando acontecem, têm uma mulher acompanhando. A impressão é que todos os homens héteros estão em um estádio, em um bar assistindo a uma partida de futebol ou em casa jogando videogame. Um mundo estreito e bastante autocentrado, com muito pouco a oferecer intelectualmente.

Casais com homens violentos ou inertes não são raros, e isso torna uma pessoa legal valorosa, mas, em vez de o parâmetro tão curto ter trazido a reflexão sobre como homens costumam entregar pouco, colocou o sarrafo para aprovação masculina baixo sem diminuir nem um centímetro no nosso esforço. A lista de exigências para um homem nos desejar continua infinita.

Eu não faço parte do coro "se homem faz isso, a gente também vai fazer". Se as melhorias a serem feitas são enormes, eu não quero me comportar como eles. Mas se ouvir nosso desejo e prestar atenção em com quem queremos estar (e com quem queremos que as nossas amigas estejam) é o mínimo para a nossa felicidade, não se contentar com uma característica tão básica como "legal" é urgente.

Também precisamos medir nossos esforços para os cuidados que tomamos com o outro, os pesos por trás de muitos "sim" que falamos é o medo, ou falta de hábito, de decepcionar. Nessa prática, liberamos o acesso às nossas vidas para qualquer pessoa que peça. Podemos negar nosso corpo e atenção a quem não desejamos, inclusive aos "caras legais". Não nos devemos a ninguém além de nós mesmas.

Depois de tanto pensar, eis a minha grande promessa: amiga minha nunca mais vai ouvir da minha boca "mas ele é tão legal". Pode ser legal, mas o melhor é perguntar apenas "quer ficar com ele?".

O PASSADO É FEMINISTA

Foi em um restaurante pequeno, na Itália, que pela primeira vez me bateu uma vontade urgente de fazer amizade com uma senhora de mais de 80 anos. Ela estava sentada na mesa ao lado, bebendo vinho, comendo um belíssimo prato de massa. Batia papo com os garçons, sorria e aproveitava a noite com o apetite de quem sabe viver. Fiquei indiscretamente hipnotizada, sem coragem de convidá-la para sentar na mesa comigo e, ao mesmo tempo, me fazendo mil perguntas sem desviar o olhar daquela mesa. O que ela estava fazendo na Itália sozinha (já que falava inglês)? Como ela sabia tanto de vinhos? Como tinha sido o dia dela antes de entrar, como eu, no restaurante? Cheguei a fantasiar que ela não tinha filhos, ou já tinha criado eles para o mundo e agora aproveitava a vida como nunca (ou como sempre).

Eu me ressinto de perceber que somente naquele dia, caminhando para os 40 anos de idade, olhei para uma mulher muito mais velha e não enxerguei uma figura materna. Uma vovó cujo único presente possível é o cuidado. Somente quando o peso numérico começa a ser depositado nas minhas próprias costas eu consegui tirá-lo das costas de outras mulheres.

Nós sempre falamos que homens admiram homens. A figura do homem mais velho é, invariavelmente, uma figura de sucesso a ser almejada pelos jovens trilhando a vida. Não há quebra do valiosíssimo elo de gerações. Com as mulheres, não vemos a continuidade dessa corrente. Nos melhores casos, admiramos o esforço das nossas mães, a entrega das nossas avós, somos gratas pelo aprendizado e cuidado, mas dificilmente almejamos aquele lugar. É válido questionar o que acontece, ao longo de toda a nossa juventude, para ser tão difícil olhar as mulheres das nossas vidas e ao nosso redor como um objetivo inspirador.

A ficção dá conta de parte dessa culpa. Enquanto as donzelas são sempre o centro das histórias, as mulheres mais velhas assumem o papel invejoso, carrasco: a bruxa que não admite perder o posto de mais bela para a enteada jovem e manda o caçador matá-la. A bruxa que prende na torre. A bruxa editora de modas que atormenta a vida da jovem assistente. O recado desse tipo de drama é duplamente nocivo: nos ensina que somente jovens podemos ser protagonistas da vida e, ao mesmo tempo, a temer as mais velhas — essas invejosas sem atenção.

Até mesmo na modernidade, em filmes infantis como *Frozen*, que tiram o heroísmo do homem (sempre salvando as mulheres), o foco na juventude feminina segue intocado. Não há uma grande mulher mais velha arretada e maravilhosa por trás de nada, essa figura tão valorosa é rara no nosso inconsciente.

Na mesma viagem pela Itália, percebi como homens precisam muito pouco desse reforço, embora ele não seja raro na ficção. O Mago, o Grande Rei, O Rico Empresário casado com uma bela mulher (interpretada por uma atriz de 25 anos) são sempre homens de meia-idade, cabelos grisalhos, rugas e o *dad bod*, abreviação de *"dad body"* ou "corpo de pai", que se tornou tendência e foi considerado objeto de desejo pelas publicações femininas. Mas, ainda que a ficção não embalasse essas figuras com o véu do sucesso aspiracional, os quadros mais apreciados da história e as estátuas dos museus mais respeitados do mundo dariam conta do recado. Toda personificação divina é um homem de cabelos brancos, aparentes 60 anos, barba e rugas — apesar de atlético. De acordo com as religiões teocêntricas, o homem (não a mulher, jamais a mulher) foi criado à imagem e semelhança divina e não estamos aqui falando de homens desabrochando, com 20 anos de idade. Estamos falando de homens maduros, com cabelos brancos. Com esses papéis delineados por séculos e mais séculos de história contada e criada, não é espanto a velhice masculina não aterrorizar homem nenhum, enquanto a feminina é o destino inevitável que todas nós aprendemos a odiar.

Outro agravante dessa fenda criada entre mulheres jovens e mulheres mais velhas é o nosso descarte na velhice. Enquanto a medição de sucesso masculino é profissional e financeira — dois pilares complexos mas sem prazo de validade, a medição feminina está na fertilidade e na beleza, duas conjunções que, na nossa formação social atual, só são possíveis na juventude. A beleza feminina pode ser ressignificada, mas a verdade é que, saindo das bolhas, o valorizado ainda é um corpo magro e tonificado. Bundas que desafiam a gravidade. Cabelos abundantes castanhos ou loiros, sempre compridos. Pele lisa sem marcas de idade ou de vida. Se junto com esses traços, comuns à juventude e que começam a ser modificados após os 40 anos, incluirmos que o período de fertilidade de uma mulher tem redução de mais de 50% após esses mesmos 40 anos, percebemos que nossa "utilidade" é um recorte de tempo que dura menos de 1/3 da nossa vida, cuja expectativa é de 80 anos.

Nos ensinar a odiar e a temer a velhice é a faca que corta esses elos tão importantes com as gerações anteriores às nossas. São as nossas mães, avós, possíveis amigas com 20 ou 30 anos a mais, que vão abrir as portas das próprias vidas e experiências para amaciar a nossa estrada. É a saída, ou melhor, a entrada para entender melhor o mundo que nos rodeia e que aprendemos a fechar os olhos e afastar por medo de enfrentar o que nos espera, como se o futuro fosse tenebroso.

É urgente aprendermos que existe muita vida depois dos 50, dos 60 e até dos 70 anos de idade. Descartar e se afastar dessas mulheres, além de ser a repetição do que o patriarcado está pronto para fazer com a gente, é também nos deixar vulneráveis, fadadas a sofrer os mesmos enganos. Nos afastarmos das gerações anteriores às nossas é nos fragilizar.

A mãe de uma grande amiga minha pediu o divórcio aos 70 anos e, em uma mensagem de WhatsApp emocionada contou aos filhos que aprenderia, a partir dali, a ser sozinha. No fim, escreveu "sinto medo, mas sou corajosa e determinada e tudo vai encontrar, dentro de mim, um lugar de sossego e calmaria. Não se preocupem comigo porque estou à frente da minha vida e no comando de minhas escolhas. Sei que não estou sozinha e que vocês me ajudarão a passar esse pedaço difícil, mas já passei muitos piores e saí mais forte".

Quantos casamentos arrastados e namoros sofridos evitaríamos de carregar a duras penas se ouvíssemos quem, antes da gente, rompeu com a infelicidade? Quanto desespero seria economizado se nossa vida fosse cercada pela voz e presença de mulheres experientes?

No restaurante, olhei novamente para a senhora e levantei a taça de vinho em direção a ela. Ela retribuiu e brindamos no ar esse vínculo que nos percorre, quer a gente queira ou não. Não a convidei para me acompanhar no jantar, mas passei na mesa dela antes de sair e disse "que deus me permita estar vivendo a vida lindamente como você quando eu chegar na sua idade". Ela sorriu e disse "quando chegar aqui, você vai viver assim sem dúvidas".

Com essa benção geracional, voltei para o hotel.

FEMINISTA DE MERDA

Todo dia eu me sinto bombardeada por conteúdos e matérias gritando "se ame!". São fotos comparando estrias com ondas do mar. Exaltando cabelos "naturais" sem um pingo de frizz. Peles com marcas de acne em close total e uma conclusão narrativa sempre muito parecida: "Trate-se com mais carinho. Fale com você mesma como falaria com a sua melhor amiga". Soluções simples cuja execução depende exclusivamente de um olhar gentil e força de vontade individual. Acordar com o cabelo arrepiado e amarrar em um coque displicente para tentar ter um pouco de paz com o espelho, como acontece comigo quase diariamente, é uma falha, afinal, não há o que esconder, "você é linda do jeito que você é!".

Ignoro o primeiro fiasco de autoestima do dia tentando preservar a mentalidade em voga de "eu sou mais eu", mas, na hora de me vestir, não é raro não conseguir usar as tendências fresquinhas para o calor apocalíptico dos últimos dias porque meu sutiã é 44, e, mesmo tendo a sorte de encontrar peças que me sirvam em qualquer loja, os estilistas seguem lançando coleções para quem pesa 46kg e não tem nem meio centímetro de busto. As campanhas de moda seguem contratando modelos esquálidas, meninas jovens vivendo à base de dietas precárias e distúrbios alimentares, para atender à criação de uma indústria chefiada por homens.

O *Financial Times*, jornal inglês focado em economia, divulgou que as 33 principais marcas de moda do mundo têm a menor taxa de mulheres no comando desde 2003. O maior grupo conglomerado de moda (dono de 14 marcas em vários países) tem apenas três empresas com mulheres chefiando a equipe de criação.

Somos muito verbais em relação a homens não poderem falar sobre nossas dores porque não vivem nossa realidade, mas externalizamos pouco sobre homens ditando o que é confortável em nossos seios e quadris. Eu acredito na empatia. Ela pode ajudar um homem a entender que seios grandes em tops sem sustentação doem quando descemos escadas ou andamos com pressa. Que alças muito finas podem cortar nossos ombros. Que coxas grossas desgastam o tecido das pernas mais rápido. Mas a empatia não nasce do etéreo. Para construir essa conexão, é preciso tratar a fala do outro como uma preciosidade, e eu só coleciono provas de que essa escuta é rara.

Se as vozes femininas fossem mais ouvidas, talvez eu não me sentisse tão exausta, tendo que demandar a mesma coisa dez vezes ou explicar o óbvio outras quinze, mas a verdade é que eu vivo cansada e com olheiras. Meus quase 40 anos estão impressos em linhas de preocupação e raiva, e eu deveria me amar do jeito que sou, mas a verdade é que me incomodo. Então, bebo água, passo cremes, ácido, faço peeling e largo uma quantidade obscena de dinheiro na dermatologista sem motivo, porque, primeiro, não há remédio contra o tempo e, segundo, não é incomum as propagandas antirrugas trazerem mulheres de 22 anos, que só serão público do produto justamente quando não vão estar mais aptas a estrelarem aquele tipo de comercial.

Se no mercado de moda os criadores são quase todos homens, o de cosméticos traz um pouco mais de diversidade quando o assunto é liderança. Das catorze maiores marcas, sete têm gestão feminina. Talvez por isso seja possível ver algumas mulheres grisalhas, com o rosto hidratado e belamente marcado pela vida, figurando em publicações de cremes para a pele. Ainda assim, raramente me enxergo nas imagens publicadas nas redes sociais da indústria.

Estimulada por essa questão, pesquisei os perfis oficiais dessas catorze maiores marcas de cosméticos, que ganham bastante dinheiro vendendo produtos para mulheres acima de 40 anos.* O desafio era encontrar representantes (modelos, atrizes ou usuárias) nessa faixa etária em imagens explícitas publicadas nos últimos três meses.* As três únicas marcas que não tinham mulheres com mais de 40 anos representadas, pontuando históricos 0% de representatividade, são dirigidas por homens. Das sete com menor percentual de representatividade, cinco são dirigidas por homens. Quando analisamos as sete marcas com maior percentual de mulheres mais velhas em campanhas, quatro são chefiadas por mulheres.

Assim como na moda, os mercados buscam suprir nossos desejos com produtos sem saber em quais territórios estão entrando. Um caso me traz esperanças: a Natura, única empresa brasileira a figurar no ranking mundial usado como base para a pesquisa, é dirigida por um homem e trouxe 23% das publicações com mulheres acima de 40 anos, o maior número registrado.

É um começo, mas não apaga o rastro deixado por propagandas e criações focadas em um tipo único de mulher. Então, quando acordo, olho no espelho e não me amo, o problema é falta de afeto comigo mesma? Ou estamos norteando nossos ideais, vestindo roupas e acreditando em cosméticos criados por mentes masculinas? Existe uma parcela interna que precisa ser alimentada com doses cavalares de autoestima

---

* Período avaliado: fevereiro de 2024 a maio de 2024. [N. da A.]

delirante para sobreviver bem em um mundo que não nos dá espaço para criar nosso lugar, mas é impossível não sentir os tremores causados pelos principais mercados femininos.

É importante, também, manter em mente que a nossa autoestima machucada é valiosa para quem quer nos vender soluções, mas a proteção desse núcleo interno não parte de nós, mulheres, como indivíduos. Parte das cobranças por leis mais rígidas em relação às modelos escolhidas para a publicidade de produtos, do questionamento de mulheres com menos de 30 anos sendo a prova do milagre antirrugas, como se uma pele de 40, 50 ou 60 anos não pudesse ser bonita.

Me olhar com gentileza é observar essa máquina moedora de autoestima feminina e entender que eu não sou imune a ela, embora tenha consciência de que ela exista. Que um grande ato de autoamor é cobrar mudanças na forma como as mulheres são retratadas. É criar essas mudanças existindo e sendo feliz inadequadamente, alternando com dias de feminista de merda quando tudo que eu queria era perder 5kg, esticar o rosto e pintar o cabelo. O peso da solução não está nas minhas mãos e, sim, nas minhas costas, e perceber esses meandros é o verdadeiro carinho comigo mesma.

FEMINISMO ANCESTRAL*

Semana passada, a melhor amiga da minha avó faleceu. Minha avó conheceu a tia Lourdes com 17 anos, eram vizinhas no Irajá e, com os maridos trabalhando, criaram juntas os seis filhos (dois da tia Lourdes e quatro da minha avó). Meu pai conta que, se não fosse pela tia, ele teria morrido. Minha avó era dada aos experimentos loucos com o filho recém-nascido — incluindo cortar os cílios da criança para crescerem curvados, entre outras lendas que rodam a família há décadas. Minha avó conta que se não fosse a tia Lourdes, ela não teria sobrevivido à morte da terceira filha. Vânia Lúcia morreu de meningite antes de completar 1 ano. Tia Lourdes foi incansável passando noites em claro sentada ao lado dela, ajudando a dar soro de cinco em cinco minutos para a bebê. Tia Lourdes seguiu incansável na despedida da Vera Lúcia — e em tantas outras — nos 68 anos de amizade das duas.

Uma das partes mais bonitas de ser mulher são os laços que formamos e tecemos ao longo de gerações. As relações femininas não têm fronteiras. Cuidamos umas das outras. Cuidamos dos filhos umas das outras em um emaranhado ancestral — a maior herança possível num mundo que valoriza tão pouco o afeto. Até a palavra já ficou chata. Legal é ser blasé, não ser afetado por ninguém. Pfff, discordarei sempre.

Com muita sorte, teremos relações, sim, de muito afeto, que nos modificam como seres humanos e aumentam o oxigênio do tanque de sobrevivência. Observar a vida me diz que essa sorte é, quase sempre, feminina. Procurar estudos sobre o assunto me confirma.

O psicólogo britânico Robin Dunbar, professor da Universidade de Oxford e pesquisador do tema "amizade", diz que a chave está no compartilhamento.* Os homens tendem a se relacionar em torno de atividades — o chopp de sexta-feira, o futebol de quarta. Existe sempre algo acontecendo para que homens se juntem e existe sempre algum barulho para camuflar os silêncios, esses espaços valiosos preenchidos por conversas. Já nós, mulheres, falamos sobre nossas emoções, baixamos nossos muros e damos espaço para as amigas adentrarem nosso mundo. É assim que nos esparramamos na vida umas das outras.

Eu só entendi a potência da amizade feminina quando minhas melhores amigas se tornaram mães. Estar com os filhos das pessoas que eu amo desafia as leis da física. O amor se estende e, ainda assim, se avoluma. A gente estica, estica, estica para caber outro ser e o sentimento não esgarça, pelo contrário, segue sobrando para todos os lados. Foi com a maternidade das minhas amigas que entendi como algo construído aqui, hoje, em mensagens de Whatsapp, encontros para vinhos, tardes no parquinho viram uma linha resistente e preciosa costurando gerações.

Eu não sou a amiga que vibra com paninhos estampados ou roupinhas ou qualquer coisa do gênero. Essa parte da maternidade me tem zero apelo e eu respeito meus interesses. Mas não é preciso estar junto em cada vírgula para fazer parte do todo, tão mais importante. Um dos maiores prazeres

---

* **Diferenças da amizade entre mulheres e homens: 'Elas se importam com quem você é e eles com o que você é'**. BBC News Brasil. Disponível em: https://www.bbc.com/portuguese/articles/c87mgkgyxyvo. Acesso em: 16 jul. 2024.

da minha vida é estar com os filhos das minhas amigas. Abraçar, beijar, brincar, correr no parquinho, pegar no colo. Ver de perto a continuação das pessoas que mais amo no mundo foi uma das maiores epifanias de felicidade que tive. Isso é a tal felicidade. Isso aqui.

No dia do enterro da tia Lourdes, meu pai chorava tanto que mal conseguia falar. Contou que estava se despedindo da sua segunda mãe e confirmava que a ligação entre duas mulheres faz o impossível. Expande o significado da palavra família e reconfigura maternidades.

Liguei para a minha avó perguntando como ela estava. Resignada, respondeu que quem vive muito se despede muito e que "a Lourdes vai fazer falta". Em 2023, na celebração de 96 anos da tia, o primeiro pedaço de bolo foi dado à minha avó. A aniversariante pediu desculpas às filhas e ao meu pai, segundo ele, o filho favorito dela, e disse que o primeiro pedaço iria para a melhor amiga de uma vida inteira.

Eu não sei qual foi a tapetada que o patriarcado deu nos significados do mundo, mas colocar a relação entre duas mulheres como disputa certamente foi o mais equivocado de todos.

---

* Originalmente publicado na revista *TPM* e adaptado para este livro.

MEU CORPO, REGRAS DE QUEM?

Outro dia li que olheiras estão na moda e no mesmo minuto subiu a plaquinha do "opa, inclusão. Opa, a indústria abraçando as nossas características físicas", mas não demorou muito para a desconfiança bater.

Depois da segunda onda feminista, que tirou dos nossos ombros as implicações de *A mística feminina** (aquela ideia de que, para nos manter dentro dos nossos lares, pintou o trabalho doméstico monótono e árduo como sonho), e o *Mito da beleza*** veio de sola para empurrar a gente de volta para um lugar de obediência — dessa vez estabelecendo um padrão impossível para nossos corpos.

As dietas nos mantendo ocupadas com contagem de calorias, as horas gastas com cabelo e maquiagem abocanhando nosso dia, tirando os intervalos de descanso e reflexão, transformaram nossa vida em uma busca por um protótipo de manequim com poucas opções de existência.

Com esse histórico, olheiras como moda parecem um avanço, assim como seios grandes, quadris largos (popularizados pela família Kardashian) ou qualquer outro volume inerente a tantas mulheres. O vento da aceitação sopra no cangote, mas só até o próximo desfile de alta-costura ditando que a tendência é não ter sobrancelhas, ou ter seios pequenos. Não importa se dois anos atrás hordas de mulheres se internaram e pagaram cirurgiões e passaram por pós-operatórios

---

* FRIEDAN, Betty. *A mística feminina*, Rio de Janeiro: Rosa dos Tempos, 2020.
** WOLF., Naomi. *O mito da beleza*, Rio de Janeiro: Rosa dos Tempos, 2018.

dolorosos para ter o decote volumoso. Agora, seios são excessivos e é melhor não tê-los. Desce uma rodada de explantes e reduções mamárias, doutor.

Só quando notei a instabilidade dessa liberdade na beleza, percebi que de liberdade não tinha nada. Era mais uma forma de nos ocupar e nos fazer sentir insuficientes com a nossa aparência, mas de forma perigosa. Se antes mudávamos o guarda-roupa, a cor dos cabelos e, em alguns casos, a textura (já vivemos a época áurea dos cachos com permanentes e, também, a dos cabelos lisos com escovas à base de formol contaminando o nosso organismo), entramos agora na era de modificar o corpo.

O único dado que encontrei sobre morte em cirurgias plásticas no Brasil é a tese de doutorado do dermatologista e pesquisador Érico Di Santis. Nela, o médico relata que, entre 1987 e 2015, foram noticiadas 102 mortes de mulheres após procedimentos estéticos no país. A redação do jornal *O tempo* fez um levantamento em novembro de 2023 relatando três mortes de mulheres em cirurgias plásticas, apenas em Belo Horizonte, entre 2022 e 2023. Eu conhecia duas mulheres que morreram em cirurgias plásticas entre 2023 e 2024. A falta de dados e o nosso conhecimento amplo de pessoas que morreram em procedimentos dão uma ideia do quão subnotificadas são as fatalidades.

A falta de estudos de órgãos oficiais do governo, sendo o Brasil o segundo país do mundo com maior número de cirurgias plásticas, nos leva a pensar que uma epidemia está encoberta pela falta de interesse nas vítimas. A negligência científica em relação ao nosso corpo não é novidade.

Em 2019, viralizou no Twitter (eu me recuso a chamar de X) uma imagem da anatomia feminina, exibindo o formato floral das glândulas mamárias.* O sentimento mais relatado foi de espanto, afinal, nas aulas de ciências a anatomia sempre foi retratada por um corpo masculino. O clitóris, principal órgão de prazer feminino, também foi negligenciado por séculos e somente em 2005 teve a anatomia completa descrita pela urologista australiana Helen O'Connel.** Os sintomas de infarto entre homens e mulheres apresentam diferenças pouco divulgadas. Essa última informação aprendi da forma mais difícil. A madrinha do meu ex-marido, uma mulher doce e incrível, foi à emergência do hospital algumas vezes com cansaço extremo, dor na mandíbula e formigamento na mão esquerda. Liberada com analgésicos, e sem diagnóstico, passou a noite no sofá de casa, onde morreu de infarto. Os sinais representados em filmes e em campanhas de saúde indicam, em geral, pressão com dor aguda no peito irradiando para o braço esquerdo. O infarto em homens segue essa cartilha porque costuma acometer as artérias principais. Já nas mulheres, as pequenas artérias são as mais atingidas, por isso as pontadas no peito podem ser sutis ou sequer aparecer.***

A negligência com a nossa vida é fruto de um sistema povoado por homens interessados em investigar o próprio corpo e pouco dispostos a enxergar a diferença entre os dois sexos ou o que nos acomete com mais frequência. Esses indí-

---

* **Imagem viraliza ao mostrar dutos de leite materno no seio humano**. BBC News Brasil. Disponível em: https://www.bbc.com/portuguese/geral-48060887. Acesso em: 15 jul. 2024.
** **Como realmente é o clitóris - e suas semelhanças com o pênis**. BBC News Brasil. Disponível em: https://www.bbc.com/portuguese/geral-58496415. Acesso em: 15 jul. 2024.
*** **Sintomas de infarto entre homens e mulheres?** ÁTRIOS. Disponível em: https://shorturl.at/yo8rK. Acesso em: 15 jul. 2024

cios, para mim, são suficientes para revelar o mistério por trás da falta de dados sobre mortes em cirurgias plásticas.

Nos últimos tempos, o movimento *Wellness* (bem-estar) ganhou força nas redes sociais. Uma resposta ao estresse vivido por nós, a ideia veio com ares de preocupação com a nossa saúde física e mental — áreas extremamente negligenciadas, como vimos. O que parecia um movimento positivo, se mostrou mais uma cenoura na frente do burro. Para ser uma mulher perfeita, que cuida do próprio bem-estar, é bom fazer ioga, acender velas aromáticas (caríssimas), usar roupas de ginástica de algodão orgânico, tomar caldo de ossos para estimular o colágeno e, quando caímos em nós, estamos novamente combatendo gordura localizada e rugas, mas com roupagem de cuidados naturais. Mais uma rasteira em alta nessa temporada.

Eu amo moda como expressão e arte. Acredito demais que roupas comunicam estado de espírito, posicionamentos e nos destacam ou mesclam com o todo, dependendo da nossa vontade. Mas eu não posso amar um sistema que transforma nossos corpos em aviamentos a serem trocados, muito menos em uma sociedade que não se interessa pela nossa segurança e saúde. Criar a própria autoestima é um trabalho longo, demorado e que não parte somente da gente, mas um movimento importante é recusar esse descarte da nossa pele e entender que matéria orgânica não pode ser tendência. Temos que chamar a atenção e levantar a voz contra editoriais abordando o assunto de forma leviana, além de reivindicar nossa presença em estudos — tanto como mentoras quanto como objeto.

Nós vamos nos dar a devida importância.

Esse é o primeiro passo.

A FÁBRICA DE HOMENS ADULTOS FUNCIONAIS

Foi em um dos primeiros encontros comigo que um homem alardeou sobre uma tal lasanha que ele sabia fazer. A receita de família era deliciosa e não demoraria muito para eu experimentar a iguaria. Eu não sei quanto pode ser considerado demora, mas doze anos de relacionamento se passaram, nos separamos, e eu nunca comi a tal lasanha. Para ser sincera, não tenho memória de ter comido mais de duas refeições feitas por ele. Também não lembro de ele usando a vassoura na casa, passando pano ou organizando as compras do mês.

Toda mulher quando nasce ganha alguns rótulos e funções de presente do patriarcado (e nenhuma recompensa por isso): um desejo celestial de ser mãe e talento sobrenatural para cuidar do lar, principalmente quando o cuidado exige nosso olhar, nossas mãos, nossos braços e uma dedicação de tempo grande o suficiente para desfigurar nossa individualidade.

Quando a gente nasce, raramente perguntam se seremos geniais com números, se nosso humor será refinado, se teremos aptidão para a escrita ou espírito de liderança. Os talentos exigidos de mulheres dentro do muro da sociedade são: ser sensível, carinhosa, bonita, ter mão para a cozinha e um ventre bom para parir. A estrutura para uma família estabilizada recai sobre nossos ombros, exigindo a lembrança de compromissos da família, marcando médicos, limpando a casa, cozinhando lasanhas e jamais deixando a peteca cair porque essa peteca, no momento que nascemos, passa a ser nossa.

Há teorias de que, desde a sociedade pré-histórica caçadora-coletora, nosso papel é cuidar dos filhos e, em momentos raros, produzir roupas e artefatos de pele para a comunidade. Há escritos bíblicos nos encaixando como suporte do homem e da família: "Então o Senhor Deus declarou: 'Não é bom que o homem esteja só; farei para ele alguém que o auxilie e lhe corresponda'". Gênesis 2:18. A história vigente condiciona a nossa existência a esse lugar secundário.

É curioso que nesse sistema, não opcional já que rege as leis e comportamento da sociedade, o homem tenha nascido tão desprovido de talentos úteis na rotina contemporânea. Na Pré-História, eles eram responsáveis pela caça (só que hoje existe carne no frigorífico de todo mercado) e tinham mais força física (útil, hoje em dia, para puxar ferro na academia). Para a atualidade, sobrou o prover como dom natural, mas, se a característica fosse de fato inerente, não ia ter tanta mulher sustentando casas sozinhas ou acionando a justiça para receber a pensão alimentícia dos filhos. O que é inato não precisa ser obrigado por um juiz. Então, o que sobra além de serem cuidados? O patriarcado é tão equivocado que coloca a nós, mulheres, como indefesas quando quem precisa do outro para tarefas triviais é o homem.

O feminismo busca a igualdade entre os gêneros para desfazer o emaranhado de obstáculos e violências imposto a nós, mas o enxergo também como o verdadeiro e controverso engrandecimento do homem. O mundo criou adultos masculinos que não colaboram com quase nada e os fez acreditar que eram o máximo. A participação de maridos em muitas famílias se restringe a contribuir financeiramente em parte das contas — já que a maioria das mulheres também trabalha. Fazer com que eles se responsabilizem, com a gente, pelo andamento da casa, criação dos filhos e organização familiar é trazer a chance de maturidade, que deveria ter vindo com a vida adulta, para essa parcela da população. Até porque é preciso questionar a funcionalidade de um adulto que não cozinha, não lava a roupa, não varre a casa nem limpa o banheiro. O feminismo, como efeito colateral, virou uma esplendorosa fábrica de homens adultos funcionais.

Quando falei sobre essa colateralidade pela primeira vez, algumas mulheres questionaram sobre esse não ser o nosso papel e, de fato, não é, por isso chamo de efeito colateral, ação marginal ao objetivo que pode ser boa ou ruim, mas jamais a mira do movimento.

Essa reação também me leva para um lugar bastante familiar porque eu igualmente faço isso com frequência: transformar em tarefas nossas uma mudança que independe da gente. Quando somos responsáveis por tudo, tomar funções para si é um espasmo involuntário. A expulsão do homem do papel de receptor de cuidados é nosso sacolejo na rotina. O que eles vão fazer com isso não nos cabe, mas, se eu fosse eles, não perderia esse bonde. Estamos vendo cada vez mais mulheres não tolerando a inércia masculina nos assuntos domésticos e familiares, tomando as rédeas da própria vida e largando os pesos mortos pelo caminho. O futuro é aprender a cuidar de si, da casa e da família por bem ou por falta de opção mesmo.

PRISÃO DE QUEM?

"**Até** seu peido deve ser cheiroso."

Foi com essa frase no meu inbox do Instagram que acordei em uma bela manhã de domingo, mas, em vez de pensar sobre a inabilidade social dos homens héteros (que tipo de cantada é essa?) ou a liberdade tomada para flertes sem qualquer sinalização positiva, me vi refletindo sobre o motivo de "peido cheiroso" ser um elogio e por quê, como se arrancar os pelos do corpo já não fosse o suficiente, mulheres não podem ter suas necessidades fisiológicas básicas inerentes aos seres humanos deixadas em paz?

Homens coçam o saco abertamente enquanto a gente passa o dia inteiro se contorcendo quando a calcinha entra na bunda porque deus nos livre de colocar a mão para puxar aquele incômodo em público. Essa falta absoluta de elegância não cabe no comportamento de uma mulher respeitável.

Para nos adestrar nessas rédeas curtas, não é incomum repreender uma menina soltando pum e rir quando um menino faz o mesmo, ou falar sobre bons modos para meninas que arrotam enquanto garotos elaboram competições de "quem der o mais alto e mais longo ganha" — eu sei por experiência própria, vi muitas vezes meu irmão treinando arrotos quando éramos crianças.

Enquanto aos meninos é reservada a liberdade de rir de si e continuar sendo amado, o afeto para as meninas vem através da retenção. Segura. Segura o pum até encontrar um banheiro onde ninguém vá desconfiar que você produz gases no intestino. Segura o arroto mesmo depois de tomar Coca-Cola ou comer uma bela feijoada. Segura. Contrai a barriga porque deus nos livre acharem que você é humana, e não uma boneca. Nessa dança, meninos se liberam e meninas se represam.

A autorização para ser o que quer que seja em meio a risadas é, também, fonte de segurança porque não condiciona a aceitação a uma ação, principalmente na infância, período crucial para a construção da autoestima. Quando repreendemos crianças com a frase "ninguém gosta de meninas que...", ensinamos que obedecer a certas regras é uma moeda de troca para ser amada e que o desconforto conosco faz parte desse escambo. A segurança de alargar fronteiras é definidora para toda a vida porque é dela que tiramos combustível para alçar voos maiores, profissional e pessoalmente. Tolher esse ímpeto é fazer com que as futuras mulheres aceitem a contenção sem reclamar.

Reter também é um comportamento que anda de mãos dadas com outra questão bastante feminina: esconder. Escondemos a nossa idade para não sermos taxadas de "velhas". Escondemos a gordura abdominal com cintas. Escondemos nossa raiva para sermos mais palatáveis. Escondemos nossos puns, nossos arrotos. Escondemos nossa humanidade para tentar alcançar uma figura mítica que jamais seremos. Nos fazem acreditar que as mulheres nas capas de revista, *photoshopadas*, maquiadas, imóveis, sem produzir gases ou ingerir qualquer alimento, são reais — e não uma encenação congelada no tempo.

Essa imperfeição atrelada à matéria viva do nosso corpo traz consequências psicológicas — como a insatisfação constante com o espelho — e também físicas.

Já repararam como todos os comerciais de iogurte para estimular o intestino são estrelados por mulheres? Somos sempre nós andando de bicicleta, no trabalho, são sempre vozes femininas narrando, abdomens femininos com gráficos mostrando o movimento intestinal ideal, um mar de mulheres conversando com outras sobre prisão de ventre. De acordo com a Federação Brasileira de Gastroenterologia, duas em cada três mulheres sofrem da condição.

Existem questões hormonais relacionadas ao ciclo menstrual que podem agravar o problema, como a produção de progesterona antes da menstruação, que torna os movimentos intestinais mais lentos. Mas isso justificaria a questão de saúde somente em alguns dias do ciclo menstrual, não o mês inteiro. Os outros motivos são frutos da nossa cabeça — ou do que colocam nela desde a infância.

Fomos ensinadas a enxergar o ato de evacuar como sujo e nojento — totalmente em desacordo com a imagem imaculada que esperam da gente. Dizer que precisa ir ao banheiro, mesmo para amigas, pode ser um malabarismo de desculpas. Quem nunca se viu dizendo que precisava "fazer xixi" quando a urgência era outra? Explicar essas necessidades para os homens é impossível, então nos resta "reter". O médico José Galvão-Alves, que ocupou o cargo de presidente da Associação Brasileira de Gastroenterologia em 2012, explica que, quando os movimentos intestinais não são obedecidos, o cérebro entende que o comando não é tão fundamental, então diminui a frequência de envio. "O estímulo fica silencioso porque vai sendo reprimido", conclui Galvão-Alves.*

Outro ponto menos óbvio, mas bastante importante: a fonte de prazer. Eu, ao contrário da maioria das mulheres, sofro de síndrome do intestino irritável — também uma ques-

---

* Pesquisa revela de 67% das brasileiras têm problemas intestinais; **questão afeta vida sexual**. UOL. Disponível em: https://t.ly/75sjE. Acesso em: 15 jul. 2024.

tão psicológica que afeta o órgão, mas de forma contrária. Meus primeiros sintomas surgiram antes dos 25 anos. Bastava um momento de tensão ou exaustão e o dia seguinte era previsível: dor de barriga na certa. Nos primeiros episódios, fui a um gastroenterologista que me perguntou como estavam as minhas fezes, emendando que o natural são "fezes prazerosas". Minhas bochechas ferveram de vergonha no mesmo instante. Como falar de prazer e fezes tão abertamente em um consultório médico? Como falar de prazer e fezes tão abertamente com um homem? Como falar de prazer e fezes tão abertamente?

Em 2020, a médica cirurgiã Denise de Carvalho fez uma postagem em sua página de Facebook (que conta com mais de 130 mil seguidores) falando sobre os prazeres na evacuação — que nada tem a ver com coprofilia (o prazer sexual em fezes). Sentir satisfação ao evacuar é uma resposta natural do corpo, "quando o reto se distende para passar uma 'considerável' massa de cocô, ele estimula o nervo vago que passa logo ao lado. Isso pode causar uma queda da frequência cardíaca e da pressão arterial, dando uma sensação de 'barato', como um relaxamento.", escreve Denise.*

Se um dos nossos calos produzidos pelas normas sociais é a perfeição avessa a excrementos, o outro é a proibição do prazer, e não estamos falando só do sexual. Nossos momentos de relaxamento, como beber com as amigas, gastar dinheiro com os nossos hobbies, dedicar horas a atividades que beneficiam apenas a nós mesmas, são sempre alinhavados com a culpa. De fato, sendo o tempo um bem finito, quanto mais nos dedicamos a nós mesmas, menos temos para as outras

---

* **A postagem pode ser conferida no Facebook da dra. Denise de Carvalho:** https://t.ly/ljvfP

pessoas, mas e daí? Procurar por nossos prazeres é armazenar combustível para a vida e de extrema importância.

É preciso expandir as conversas sobre o que precisamos e o que nos satisfaz, assim como aceitar a nossa humanidade, jogando no lixo esse manequim que chamam de "mulher perfeita". O nosso conforto emocional, o nosso organismo e os caminhos que podemos trilhar na vida são preços muito caros para aceitarmos pagar.

PENSAMENTOS QUE NÃO DIGO EM VOZ ALTA

(OU NÃO É SÓ VOCÊ QUE PENSA ASSIM)

(OU QUALQUER FEMINISMO É MELHOR DO QUE NADA)

Eu sei que corpos magros femininos são forma de controle, que a indústria polui nossa autonomia estética com mulheres esquálidas, tomando à força a nossa construção particular de beleza, e mesmo assim eu me senti um lixo quando engordei cinco quilos e minha calça jeans favorita me sufocava e a camisa que mais amo usar no calor ficou inflada e nenhum sutiã me deixava minimamente viver.

Eu sei que a independência financeira é a chave para uma vida verdadeiramente livre, mas hoje deixei mil e-mails pendurados, não entreguei a análise que um cliente pediu e preferi abrir um pacote de Doritos sentada em frente à TV vendo *Sex and The City* pela 14ª vez, enquanto a pia cheia de louça criava vida, o cesto de roupas sujas conjurava cogumelos, o chão estava cheio de pelos do cachorro e talvez isso impacte minha renda e eu tenha menos independência e quem sabe assim eu tenha tempo para lidar com a pia, com o cesto, com a vassoura e com o vazamento no teto do quarto que aguarda expansivamente eu entrar em contato com a vizinha.

Eu sei que é preciso lutar contra estereótipos opressores e nunca, jamais, sob hipótese alguma dar sorrisinhos para machistas, contemporizar os elogios abusivos nas ruas e se curvar diante da hipervalorização da nossa aparência, mas hoje minha autoestima estava um lixo, eu estava cheia de olheiras pós-insônia e é difícil mesmo o sono vir com uma lista de afazeres rolando pela retina e a cada papapapapapa para na ligação para a minha mãe que esqueci de fazer, ou para aquela amiga cujo pai está com câncer, ou no presente da festa de sábado que eu esqueci de comprar e não respondi ao RSVP e papapapa para na fatura do cartão de crédito que eu esqueci de pagar e, meu deus, como veio alta a fatura, então é melhor economizar e papapapa para no plano de saúde, será que eu preciso tanto de um plano de saúde, às vezes o plano de saúde é não ficar doente e por isso eu acordei com olheiras e inchada e quando eu saí na rua e um homem olhou e me disse que eu estava linda, eu gostei.

    Eu sei que pelos são naturais e não se cobra dos homens a depilação infantilizadora de pepecas e pernas, mas naquele dia eu tinha um encontro e precisava muito transar e alguém precisa distribuir o panfleto para os homens hétero de que pelos são naturais, assim eles podem olhar meus pelos na virilha e debaixo do braço e, mesmo assim, querer tirar minha roupa e cheirar meu pescoço e passar a língua na minha virilha mata-virgem. Então eu sei que pelos são naturais, mas hoje eu gastei mais de cem reais em depilação, e sofri feito uma diaba naquela mesinha em cima de um lençol de papel para garantir que nada vá me impedir de transar essa noite e nada vá parar aquele homem chato, enfadonho, mas com um abdômen lindo e um pau delicioso de tirar a minha roupa e me dar o sexo que eu tanto estou precisando.

    E eu tenho absoluta e total noção de que maquiagens são máscaras vendidas em cima do bombardeamento da nossa autoestima, que bochechas rosadas são racistas e não cabem em minha pele miscigenada, que lábios vermelhos não são naturais e ganharam roupagem de sedução e sensualidade em cima de uma imagem produzida e difundida por uma indústria de cinema muito dedicada a nos transformar em ovelhinhas adestradas para consumir, consumir e consumir. Mesmo que isso custe nossa saúde mental e nossas economias. Mesmo que isso custe nossa felicidade. Mas como é bonita a sombra da marca centenária francesa cheia de brilhos que eu adoro passar nos olhos e deixar escapar um pouquinho para os lados para parecer que estou com o rosto cravejado de pequenos diamantes, e como é macio o batom da marca americana e o danado é tão bom que não sai por nada, nem com vinho nem com beijo no boy lixo que sempre juro jamais encontrar novamente, mas olha eu chamando ele aqui de novo, e como é gostosa aquela horinha que a indústria criou em nossas cabeças como necessária, e talvez eu não precise mesmo, mas como é gostosa aquela horinha, antes de encontrar as amigas ou o contatinho-dejeto-da-Comlurb, que eu me olho no espelho e passo os pincéis vagarosamente nas bochechas, nos olhos e na testa.

E as deusas me perdoem por todo dia tropeçar nas fronteiras do feminismo perfeito, deve ser simples ter uma trajetória ou jornada ou desempenho regular e impecável com o cesto de roupas sujas transbordando e a pia cheia de louças e os prazos de trabalho mordendo os calcanhares e os filhos querendo atenção e o vazamento do teto do quarto ganhando vida a olhos nus e os boys lixo que não servem para nada mas têm uma conchinha boa e o mestrado que tento começar faz uns anos, realmente o problema deve ser meu para não alcançar a conduta perfeita, quem sabe esse ano. Quem sabe esse ano com um pouco mais de disciplina eu consiga.

GRANDE GOSTOSA

Faz um tempo que postar selfies na academia, ou na ciclovia mais próxima, se tornou rotina nas redes sociais. A gente acorda e, enquanto ainda está debruçada na pia escovando os dentes, começam a chover vídeos e fotos estimulando a vida saudável. No fundo, pouco importa a motivação, pode ser para atiçar flertes, mostrar que está no foco ou dar aquela força para quem está tentando engrenar nos exercícios, o que me chama a atenção são as justificativas por trás de cada registro.

Existem as pessoas, e com pessoas quero dizer mulheres, que colocam o exercício na conta da idade. A ideia é envelhecer com saúde, criar poupança de músculos para o futuro e não virar uma senhora entrevada (essa eu mesma publiquei no Twitter em algum momento). Também tem a categoria das que declaram correr atrás de algum prejuízo de saúde: é bom para questões da tireoide, do ovário policístico etc. etc. Há, realmente, uma lista sem fim de pedacinhos do corpo que se beneficiam de exercícios físicos — e manter essa rotina diminui vertiginosamente as chances de uma velhice caquética. O alarme apitando para essas justificativas é: para quem estamos passando recibo? De onde vem a cobrança?

Os homens também participam dessa corrente das fotos de academia, mas de forma diferente. Com fones no ouvido, flexionando os braços para ressaltar algum músculo-qualquer-que-eu-não-sei-o-nome, postam legendas do tipo "hoje teve", ou só nada mesmo. Apenas a paz de espírito de quem nunca teve que dar muitas explicações na vida.

O corpo perfeito, jovem, sem um grama de gordura, com seios empinados e bumbum livre de celulites é uma cobrança que nós mulheres sofremos desde a infância, e emagrecer "por saúde" é um dos disfarces mais usados para maquiar o controle e preconceito em relação às nossas formas. A medicina já comprovou que corpos magros podem apresentar índices glicêmicos e de colesterol altíssimos, assim como corpos gordos podem ter as mesmas taxas saudáveis. Já debatemos o assunto, fizemos *textão* e demos um toque em nossos avós ou tios para revelar esse equívoco, entretanto, por que nos agarramos a esse conceito quando justificamos uma ida à academia?

Na primeira camada, é possível que esteja a vontade de não nos dobrarmos às ideias que nos oprimem e não admitir como é quase impossível preservar a autoestima intacta diante da campanha da sociedade pela magreza. De forma mais profunda, existem as consequências de ter um corpo não magro colidindo com a vida profissional e afetiva das mulheres.

Um estudo feito pela Universidade do Arizona e pela Universidade de Puget Sound, nos Estados Unidos, revelou que casamentos entre homens com um peso "padrão"* e mulheres com sobrepeso apresentam um índice maior de brigas do que casamentos com outras configurações, por exemplo, cônjuges com o mesmo IMC** (índice de massa corporal).

---

* Coloco a palavra padrão entre aspas porque é um termo questionável, mas usado na publicação para definir pessoas com o IMC dentro da média considerada saudável. [N. da A.]

** O IMC foi inventado no final do século XIX pelo polímata Adolphe Quételet e, embora a precisão seja amplamente questionada por não levar em conta a composição corporal do indivíduo, o índice ainda é usado em pesquisas e consultórios para estimar o peso saudável de uma pessoa. [N. da A.]

Já quando quem está acima do peso é o homem, a frequência das discussões é semelhante às de casais com o mesmo IMC.* A violência quando o corpo feminino foge ao padrão, porém, não acontece só no casamento, quando a rotina amorna a paixão. Camila Perlingeiro, editora de livros e minha amiga pessoal, pontuou em uma conversa o que vive: "É como se não merecêssemos carinho. O sexo casual com homens, normalmente, vem com uma carga de fetiches violentos por parte deles". A gordofobia, discriminação contra pessoas gordas e fonte dessa agressividade, não se restringe ao ambiente afetivo. Uma das maiores pesquisas do tipo, intitulada *A contratação, a demissão e a carreira dos executivos brasileiros*, feita em 2005 pelo grupo Catho Empresas e que ouviu 31 mil executivos, constatou que 65% dos presidentes e diretores de empresas tinham restrições na hora de contratar pessoas gordas.** A pesquisadora Adriana Dutra Teixeira, da Faculdade de Economia, Administração e Contabilidade da USP, confirma em sua dissertação *"Maior o peso, menor o salário? O impacto da obesidade no mercado de trabalho"* que a realidade segue bem parecida: mulheres gordas recebem até 9,3% menos do que mulheres magras desempenhando a mesma função.***

---

* **Excesso de peso da mulher prejudica casamento, diz estudo.** *Caras.* Disponível em: https://caras.uol.com.br/noivas/obesidade-peso-mulher--problema-casamento-estudo.phtml. Acesso em: 12 jul. 2024.
** **Gordofobia? 65% dos executivos preferem não contratar pessoas obesas.** Exame. Disponível em: https://exame.com/carreira/gordofobia--65-dos-executivos-preferem-nao-contratar-pessoas-obesas/. Acesso em: 12 jul. 2024.
*** **'Maior o peso, menor o salário?' As agruras das mulheres gordas no mercado de trabalho.** *Folha de S.Paulo.*. Disponível em: https://www1.folha.uol.com.br/mercado/2024/03/gordas-nao-vao-para-o-ceu-e-sofrem--para-encontrar-emprego.shtml. Acesso em: 12 jul. 2024.

Admitir que a liberdade de como viver o próprio corpo é um discurso tensionado, ainda insuficiente para alcançar a realidade feminina, é também entender que seguimos à mercê das decisões de homens que julgam a nossa aparência da pior forma possível, na vida afetiva ou profissional. Não é de se espantar que somente nós, mulheres, depositemos os exercícios físicos na expectativa da saúde. Como não querer declarar que não corrobora com essa tirania?

Para piorar, ter um corpo padrão e feminilidade intensa vêm com o selo de aprovação masculino embutido, mas se importar muito com esses pontos pode nos levar a sermos taxadas de "fúteis". Faz um tempo que a ficção vem quebrando o estereótipo da "loira burra", com produções como *Legalmente loira* e *Barbie*, mas a vida real equilibra a balança, como mostra o estudo feito pelo periódico *Sex Roles* e divulgado pelo Jornal Britânico *The Guardian*.* De acordo com a pesquisa feita em 2020, mil pessoas avaliaram o rosto de mulheres sem e com maquiagem pesada, e as mulheres maquiadas foram vistas como incompetentes e imorais. O julgamento de valor está em um batom a mais, o mesmo batom do qual o uso é quase exigido pela sociedade.

Com todos esses aspectos orbitando a nossa vida, como em sã consciência uma mulher pode declarar que vai à academia porque quer ser gostosa? Quando não há resposta certa, e, pelo que vimos, basta ser mulher para a resposta estar errada, o melhor a fazer é criarmos nossa própria subversão.

---

* **All it takes for a woman to be reduced to an object is too much eyeliner [Tudo o que é necessário para que uma mulher seja reduzida a um objeto é usar muito delineador.] Arwa Mahdawi**. Disponível em: https://www.theguardian.com/world/2020/feb/01/study-too-much-makeup-women-misogyny. Acesso em: 12 jul. 2024.

Abrir mão das justificativas esperadas por quem não nos quer bem e agarrar o termo "gostosa", fazendo dele o que a gente bem entender. Eu publico em letras garrafais "entrando na fábrica de grandes gostosas" quando posto fotos no espelho da academia. E com grandes gostosas quero dizer todas: as saradas, as magras, as gordas, as intelectuais, as novas, as velhas, todas que batem o olho no espelho e pensam "que puta gostosa!" e todas que quando ouvem uma ressalva sobre o próprio corpo rebatem com "você tá enganado, eu sou muito gostosa".

SILÊNCIO

Eu moro entre a Lagoa Rodrigo de Freitas e a praia. As ciclovias de dois bairros envolvem meu apartamento, localizado em um prédio antigo que tem um espaço desativado no subsolo e nenhum bicicletário. Em uma segunda-feira, me perguntando sobre a possibilidade de o espaço inativado do prédio ser dedicado a essa finalidade, e bastante irritada com duas bicicletas atravancando o corredor da minha casa, mandei uma mensagem ao síndico, um senhor de 50 anos que me chama de "menina" toda vez que cruza comigo no elevador, apesar dos meus quase 40 anos. Perguntei sobre a possibilidade da construção, pensando que o meu alívio em desobstruir meu apartamento poderia, também, ser o alívio de muitos outros condôminos. Recebi de volta uma resposta flertando com a hostilidade: "A pauta foi votada e considerada pelo conselho não prioritária". O conselho do condomínio é formado por pessoas com mais de 70 anos que não andam de bicicleta e nada mais justo do que essa obra não ser prioridade para o grupo. Argumentei sobre os jovens, os maiores interessados, serem em maioria locatários sem participação nas reuniões de condomínio e sugeri que fizessem parte da votação. Nada complexo, uma autorização da imobiliária e pronto. De volta, recebi outra mensagem, dessa vez mergulhada em hostilidade, dizendo que um plebiscito seria feito, mas que *não* caberiam todas as bicicletas, *não* seria rápido, caso a obra fosse aprovada, e que, principalmente, *não* era prioridade. O tipo de mensagem carregado de negação.

No mesmo dia, encontrei o tal síndico na portaria e desejei "bom dia". Não ouvi nada de volta. Nem um pigarro.

Achei curiosa a indisposição depois de uma reivindicação e um contra-argumento costurados com educação. Achei curioso como se rasga fácil o ego de um homem que se vê minimamente cobrado e interpelado. Como se a firmeza estivesse na palavra final inquestionável, concedida pela sociedade no momento em que nascem, e não sobrevivesse a uma simples oposição. Como se cada palavra que escapa do nosso silêncio obediente fosse um abalo sísmico na autoconfiança, resultando em hostilidade e, muitas vezes, violência.

Usar o silêncio como forma de punição é uma tentativa de controle bastante comum e o recado é claro: se você não age como eu espero, eu tento reduzir você à inexistência.

Impedir a nossa fala e descreditar nossas palavras são velhos conhecidos de todas as mulheres e as consequências não são só um bicicletário não feito. A violência recebida quando nos posicionamos é um silenciador potente que diminui a percepção dos abusos e violências sofridos.

A apresentadora Titi Muller, desde setembro de 2022, está proibida de falar o nome do ex-marido, o músico Tomás Bertoni, nas redes sociais.* A liminar pedida pela defesa de Tomás é uma mordaça, como definido pela apresentadora, abafando as acusações de violência física e psicológica sofridas por ela durante o casamento.

A *Folha de São Paulo* noticiou que o músico admitiu as agressões diante da advogada do casal com a condição de sigilo de quinze anos sobre o caso. Às mulheres vítimas

---

* **Justiça proíbe que Titi Muller fale sobre o ex-marido, que admitiu agressões contra ela.** *Folha de S.Paulo.* Disponível em: https://f5.folha.uol.com.br/celebridades/2023/02/justica-proibe-que-titi-muller-fale-sobre-o-ex--marido-que-admitiu-agressoes-contra-ela.shtml. Acesso em: 16 jul. 2024.

de violência são impostas as consequências psicológicas dos maus tratos. Aos homens é possível optar por sofrer o processo mantendo a honra e o nome intactos — basta uma liminar. O motivo nobre usado para justificar a proibição é a "preservação da família", mas é curioso como a preservação toma uma importância monumental quando o nome do acusado é exposto — e toda essa preocupação vira cinzas na hora de agredir a parceira.

Se ignorar a existência da mulher que reivindica ou pedir uma liminar não surtirem efeito, existem outras formas bastante antigas e populares de esvaziar o discurso feminino. Basta rotular a nossa comunicação como desimportante, abobrinha, bobeira. Taxar mulheres falantes de fofoqueiras. Adjetivos pouco aplicados aos homens deslizam bem em nossas palavras.

A autora Silvia Federici, no livro *Mulheres e caça às bruxas*,* dá uma pincelada na *História oculta da fofoca* e como a degradação do termo acompanhou a degradação do papel das mulheres na sociedade. Em inglês, o termo *gossip* (fofoca) era usado na Idade Média para definir o grupo de mulheres que acompanhava o trabalho de parto. Diferentemente da parteira, a função do grupo era ser companhia e garantir o conforto da parturiente em um momento de alto risco. Com o tempo, a palavra ganhou novos contornos e passou a designar grupos de mulheres que se uniam em tavernas para beber, se divertir e compartilhar experiências. A palavra traduzia a força do laço feminino.

Com o passar dos anos, o cercamento das terras e a desvalorização da força de trabalho feminino trouxeram um peso à palavra *gossip*. Silvia Federici escreve:

---

* FEDERICI, Silvia. *Mulheres e caça às bruxas*. São Paulo: Boitempo, 2019.

Ainda na Inglaterra, em 1547, "foi expedido um decreto proibindo as mulheres de se encontrarem para tagarelar e conversar" e ordenando aos maridos que "mantivessem as esposas dentro de casa". As amizades femininas foram um dos alvos da caça às bruxas, na medida em que, no desenrolar dos julgamentos, as mulheres acusadas foram forçadas, sob tortura, a denunciar umas às outras, amigas entregando amigas, filhas entregando mães.

Separar comunidades é uma estratégia eficaz e conhecida para enfraquecer os indivíduos pertencentes aos grupos. Em governos ditatoriais, e já vivemos essa realidade no Brasil, reuniões são constantemente denunciadas como possíveis ameaças. No caso das mulheres, que força estava (ou está?) sendo temida?

Estar junto dos nossos semelhantes é suporte para brigar por mudanças. A identificação é uma mão estendida para a reação e não é de se espantar que desfazer esses laços, seja na proibição da vida pública ou rasgando a origem positiva das nossas conversas, tenha se tornado um nó cego na importância do discurso feminino.

Marielle Franco, vereadora carioca eleita em 2016, usou um microfone para decretar: "Não serei interrompida! Não aturarei interrompimento de um cidadão que vem aqui e não sabe ouvir a posição de uma mulher eleita".

Na ocasião, um homem defendia a ditadura abafando o discurso da vereadora no plenário. Marielle não era o tipo que recuava a voz. A coragem rendeu à socióloga o título de quinta candidata mais votada das eleições municipais da cidade do Rio de Janeiro. Um caminho longo para uma mulher preta nascida na favela da Maré. A misoginia, cruzada pelo racismo e classismo, cortou a estrada. Por não ter medo e não se calar, Marielle foi assassinada no dia 14 de março de 2018.

Silenciar mulheres é tornar a nossa estrada longa, íngreme e, muitas vezes, curta. Pode começar com hostilidade leve, seja ignorar um "bom dia", as reivindicações de uma mulher ou se sentir ofendido por elas. Pode escalar para gritos, violência física e liminares para proteger a reputação de quem agride.

Na parede do meu escritório tem uma bandeira que diz "Se expressar é premissa para existir". Eu gosto de olhar para ela como um hasteamento da minha fala. Sigo dando "bom dia" no elevador para o síndico. Sigo pleiteando o bicicletário e sigo escrevendo. Silêncio, de mim, nem para retribuir hostilidade.

MICRO-VIOLÊNCIAS

"**C**erta preguiça desse vira-lata." Esse foi o comentário doce e singelo deixado por Alexandre Corrêa, ex-marido da modelo Ana Hickmann, em uma foto do cachorro da família postada nas redes sociais, caso que veio à tona em meio às acusações de violência doméstica sofrida pela modelo. No Twitter, a revolta veio a galope com pessoas questionando "quem fala isso de um bichinho?". O comentário de fato foi feito para o cachorro, mas animais de estimação não sabem ler e não têm rede social. Esse ataque, disfarçado de observação antipática, estava destinado a quem, então?

Esse tipo de comentário áspero passa despercebido por uma multidão, mas nunca por quem já precisou lidar com essas frases raspando a pele. Eu carrego uma empolgação quase infantil com o que me agrada. Gosto de matracar sobre assuntos que me deixam feliz como quem degusta uma comida gostosa repetidas vezes. Cada vez que falo, é uma garfada nova daquele sabor delicioso. Fui assim a vida inteira com meus amigos e família, sem nunca pensar nessa característica como um problema – até perceber as respostas cortantes de um parceiro quando a minha empolgação sobre um assunto brilhava. O tema não importava, podiam ser séries de TV, conquistas no trabalho ou memes da internet, se o humor dele estivesse minimamente alterado, a estocada vinha em forma de desdém: "Não achei a menor graça dessa piada" ou "Essa banda é ridícula" ou "Nunca gostei desse tipo de assunto". Estar feliz e compartilhar esse sentimento com quem se ama, ou com seguidores, como no caso de Ana Hickmann, é uma das principais lufadas de alegria da vida, capaz de inflar em cores pedaços de um dia ordinário. Encontrar um eco hostil na pessoa que amamos é ver esses mesmos pedaços estilhaçados pelo chão. Um fim de festa triste sem nem se ter a chance de comemorar.

Demorei a descobrir que essa sensação desoladora não era incomum – e tinha um nome próprio: microviolência, o ato de deslegitimar, caçoar ou desqualificar nossos afetos, trabalhos e interesses, e não para por aí. As microviolências englobam também as ofensas camufladas de elogios, chamadas pela gen Z de "elofensas", bastante comuns em frases como "admiro muito a autoestima que você tem com o seu corpo" ou "seu cabelo é lindo mesmo sendo crespo".

Lidar com essas passagens não é só desagradável, o caráter oculto da ação torna essa interação um tanto perigosa. Se nas sombras de um elogio mora uma ofensa, nas dispensadas corriqueiras mora uma desvalorização, a sensação é que algo está sempre à espreita e se torna impossível relaxar. Diferente de murros e socos, essa argamassa espessa de piada ou preguiça torna esse comportamento agressivo bem aceito em ambientes públicos e um candidato forte à falta de compreensão de quem sofre.

Quando a violência é normalizada, o erro é sentir, e os problemas não param por aí. Não entender o sofrimento como proveniente de uma agressão embaça a nossa compreensão dos danos provocados, e a única prova do impacto é um rastro de inadequação e insuficiência.

A onda atual de autocuidado grita a plenos pulmões que a verdadeira autoestima vem de dentro. É preciso se amar sem depender de aprovação externa. Embora eu tenha um afeto enorme por essa imagem, sinto profundamente a utopia por trás dela. Podemos construir nossa autoconfiança com as bases mais sólidas, mas não há forma de resistir à ferrugem de provocações constantes reforçando uma pseudodesimportância. A preguiça do nosso cachorro. Dos nossos interesses. Dos nossos afetos.

Somos humanas, não existe autovalorização suficiente para impedir os arranhões na percepção que temos de nós mesmas, mas isso não quer dizer que a construção da nossa autoestima seja descartável. Ter consciência e construir bem os próprios valores formam a base que possibilita o incômodo ao lidar com esse tratamento. O aperto no peito apontando "isso não é normal". O nó na garganta insistindo "isso não é normal". Essa voz interna é a nossa sirene apitando, a famosa *red flag*, um dos dispositivos mais importantes de se ter calibrado.

Um dos empecilhos para isso é sermos educadas para acolher o outro em sua integridade, sufocando nossos sentimentos com o clichê "ele é assim mesmo, talvez eu seja sensível demais". Na minha infância, quando uma pessoa era grosseira ou ultrapassava o limite da educação, lembro de ouvir essa frase, sempre seguida de uma dispensada com as mãos como quem diz "não liga, não". Como filha de psicóloga, eu vejo um valor enorme em não se deixar estremecer pela incontinência de terceiros – o famoso o que é do outro não é meu –, mas existe uma maratona de distância entre não se deixar abalar e seguir aceitando as cruzadas de limite sistêmicas de quem não aprendeu ou não tem interesse em se controlar, e, mesmo não afundando na incongruência sentimental do outro, é preciso ter consciência e não descartar o que sentimos. Cada vez que nos colocamos em dúvida, nos afastamos de nós mesmas, sabotamos o alarme interior e nos tornamos ainda mais vulneráveis a demandas e ataques.

Não à toa, a microviolência é vista como uma ferramenta poderosa de controle. Minar a autoconfiança é esvaziar o combustível capaz de nos tirar de relacionamentos abusivos e de denunciar agressões — é tornar a vida o paraíso de quem vive para dominar.

Não existe uma única saída de relacionamentos que flertam com a violência, mas, da conversa com duas amigas que viveram situações parecidas, e lembrando um pouco da abertura dos meus próprios olhos, concluí que ter amigas é fundamental. Saber que existe outro teto, um ombro, para onde correr é materialidade de um mundo fora da dinâmica nociva. Almoços, noites de vinho e ligações foram meu resgate quando o universo (ruim) a dois parecia prender meus pés.

Falamos muito sobre não abrir mão das amizades quando um namoro começa, afinal, preservar a individualidade e ter para onde ir emocionalmente em caso de término é crucial. Mas falamos pouco sobre como ter nossas pessoas por perto é uma mão estendida para fora de relacionamentos potencialmente tóxicos.

Estar no papel de amiga quando alguém que amamos está em um relacionamento agressivo nem sempre é fácil. É comum percebermos que o tratamento recebido por uma pessoa próxima não é bacana. É comum comentarmos com o grupo. É comum, também, levantarmos a dúvida para a pessoa envolvida e ouvirmos uma negação. Nesses casos, abraçar em vez de combater é uma forma de não isolar a vítima — e de deixar a vida mais fácil para ela perceber, por ela mesma, o que está acontecendo. Pode parecer passividade, mas estar presente pode ser uma das ações mais difíceis — e necessárias — em casos como esse.

É impossível não falar que as microagressões podem ser o início da escadaria que culmina em violências mais perigosas.

Nesses casos, a denúncia é sempre a saída mais segura. A violência contra a mulher está, atualmente, em um dos maiores patamares já registrados, quadro que foi agravado durante a pandemia. Segundo pesquisa da Universidade Federal do ABC e da Rede Brasileira de Mulheres Cientistas, divulgada em 2021, houve um aumento de 1,9% em casos de feminicídios, em comparação com os registros de 2019. Ao mesmo tempo, os registros policiais recuaram 9,9%, apontando um crescimento da subnotificação. Ficar em casa durante o isolamento, e consequentemente o afastamento da rede de apoio (família e amigas), se mostrou uma das principais causas para esse quadro triste.*

Quando a gente fala que a união faz a força, talvez não tenha ideia de quanto.

---

* **Estudo aponta subnotificação de casos de violência doméstica na pandemia.** *SBT News.* Disponível em: https://www.sbtnews.com.br/noticia/brasil/169722-estudo-aponta-subnotificacao-de-casos-de-violencia-domestica-na-pandemia. Acesso em: 16 jul. 2024.

O DIREITO DE SER PÉSSIMA

Eu resolvi aprender piano já adulta, e dedilhar as teclas me exigiu uma coragem imensa: a coragem de ser ruim. Péssima. De tropeçar nos dedos, me confundir com as notas, ficar com o rosto quente apertando "Dó" enquanto a nota indicada era "Fá", claramente "Fá". Inferno, cadê o "Fá"?

Não importa se estou sozinha, com o meu cachorro ou com uma dúzia de pessoas, a vergonha em não alcançar a perfeição com a mesma facilidade de andar para a frente é lacerante. Na psicanálise, vergonha é um regulador moral. O psiquiatra e psicanalista americano Michael Lewis, em seu livro *Shame: The Exposed Self* [Vergonha: o eu exposto], considera a vergonha um sentimento básico, não primário. Os sentimentos primários, como raiva, felicidade, tristeza e medo, independem do *self*, nossa essência. Os sentimentos básicos, a tal da vergonha, da empatia e dos ciúmes, exigem autorreflexão e análise dos nossos valores internos, a moral que carregamos dos ensinamentos, então é importante não descartar esse sentimento. Qual é o limite de um sujeito que não tem vergonha de nada?

Limite bem pensado é importante e eu gosto, então essa sanha da vida completamente desavergonhada não me interessa. Onde o sentimento de vergonha se aconchega é que presto atenção. É na hora de arriscar um flerte? De pedir uma promoção no trabalho? De errar as notas do piano? O que ela grita?

A vergonha de errar foi uma das heranças gostosas recebidas da minha família, além de mão cheia para cozinhar e um gosto anormal por olhar para o nada em silêncio. Meu avô, uma alma maravilhosa, não podia ver um repórter gaguejar ao vivo que encarnava o editor geral do telejornal e descascava o desempenho: "Não pode errar assim". "Esse mocinho não treinou, não?". Tropeçou, vinha o veredicto: despreparado. Insuficiente. Todos os adjetivos que, cruzes, não queria para mim, não.

Para ajudar, as redes sociais criaram um exército de pessoas extremamente talentosas, engraçadas, sempre nos melhores restaurantes, eventos, vestindo os *looks* mais bonitos, leitores de todos os livros, saindo da barriga da mãe declamando poesia e assinando *textão*. Todos sempre, aparentemente, preparadíssimos — e como é fácil esquecer que estamos diante de um pedaço mínimo de vida, extremamente editado, possivelmente real. Apenas possivelmente. Sem lembrar desse detalhe, não conseguimos olhar para essa multidão de sortudos e admitir que somos ruins em alguma coisa. E como aprender algo novo se a gente não se permite ser péssimo?

No Budismo, existe o conceito do Shoshin, a "mente do iniciante". A ideia de que todo ensinamento deve ser visto com os olhos de novidade, independentemente do nosso grau de conhecimento real. Um engenheiro experiente pode ouvir sobre a construção de uma nova ponte com ouvidos virgens e, assim, confirmar o que já sabia ou aprender uma nova forma de construir conexões de terra. Uma mãe de três pode considerar as conquistas da maternidade de uma mãe de primeira viagem e se reconhecer ou encontrar novos caminhos para velhas questões. Essa abordagem é a porta para expulsar a vaidade do excesso de conhecimento, que pode barrar não só o aprofundamento das nossas verdades (afinal, como ouvir sobre algo que julgamos saber demais?), como também nos fechar em um ponto de vista único, imóvel, incapaz de virar o pescoço para o lado e notar a cintilância da vida. Novas ideias pedem humildade. Conceito apaixonante.

Paguei com muitas taquicardias e paralisias até entender que, não só não existe atalho para ficar bom em alguma coisa a não ser começar sendo muito ruim nela, como ainda estou pendurada nas prestações de que não preciso ser boa em tudo. Posso ser medíocre no piano. Tétrica em acertar os tempos. E, mesmo assim, nem por um segundo, interromper o meu prazer em tocar.

Byung-Chul Han, filósofo sul coreano e autor do livro *Sociedade do cansaço*, diz que estamos vivendo na sociedade do desempenho.* A sociedade disciplinar, classificada por Foucault, cujas cidades eram repletas de hospitais, hospícios, presídios, asilos e fábricas, locais onde a obediência era foco através de horários vigiados e punições para os destoantes, foi substituída pela produtividade. A paisagem muda para academias de ginástica, prédios comerciais, bancos, aeroportos, shopping centers e toda sorte de lugares onde teoricamente é possível buscar a nossa "melhor versão" ou excelência individual. Atualmente, queremos ser bem-sucedidas, magras, estar com a saúde mental em ordem para, depois, exibir nas redes sociais como somos incríveis em absolutamente tudo. Gastamos nosso tempo atrás desses fragmentos de pseudoperfeição e tudo que não cabe no rigor da impecabilidade é descartado, mesmo quando o resultado torto é apenas felicidade. Haja ego para só gostar da nossa excelência — e haja dor porque somos excelentes em pouquíssimas coisas.

A primeira partitura de piano que li sozinha foi de "Jingle Bells" em versão simplificada. Totalmente infantil,

---

* HAN, Byung-Chul. *Sociedade do cansaço*. 2. ed. Petrópolis: Vozes, 2019, p. 23.

básico e difícil demais para os meus olhos de principiante. Mesmo depois de acertar, ficou meio errado, uns tempos esquisitos, bem mequetrefe mesmo. Minha vitória foi, mesmo assim, ter achado iradíssimo.

Nos meus dedos completamente inábeis, a vergonha não se aconchega mais. E na minha vida sempre vai ter espaço para o que me faz feliz, mesmo que a roda que gira o nosso mundo atualmente ache inútil.

MULHERES EM EXTINÇÃO

A Tia Nina, irmã da minha avó, era dessas mulheres que comia com gosto. Se eu fazia um pão de ló para o café, ela comia um, dois, três pedaços e, no fim, vinha agitada com papel e caneta para pedir a receita.

— O merengue bate com creme de leite fresco, né? É que eu quero fazer igualzinho.

Tia Nina também era o tipo de senhora que eu chamo de listadora de comidas. Todo casamento, aniversário ou enterro era uma chance e tanto de experimentar — e remontar depois — tudo o que foi saboreado.

— Como foi o casamento, tia?

— Maravilhoso! Era garçom para todo lado. Toda hora me vinha um quibe, um croquete, um espetáculo!

— E a música, tia? Estava boa?

— Tava sim, mas a coxinha de galinha... tinha aquele catupiry cremoso por dentro que escorria na mordida.

— E a noiva estava bonita?

— Tava sim, tava sim, mas na mesa tinha uma cascata de camarão! Cada um desse tamanho!

E estendia o dedo indicador e o polegar para mostrar que tamanho é documento, sim, ao menos quando falamos de crustáceos. Depois abaixava a mão e lançava na boca mais um pedação de bolo, enquanto tomávamos café eu, ela e minha avó.

Depois de quebrar o pé passeando com meu cachorro pelo bairro, comecei a fazer fisioterapia em um grupo muito bom de octogenárias, entre elas a dona Salomé, uma portuguesa espirituosa, muito pouco bem humorada mas com um coração enorme.

Em uma sessão, enquanto eu esticava o pé, contraía o pé, virava para a direita e para a esquerda, ouvi a resenha sobre a festa junina da clínica, acontecida na sexta-feira anterior. Dona Salomé desandou a falar "tinha canjica que eu trouxe, quentão, salsichão, bolo de tapioca, tudo que tinha amendoim eu comi. Comi a paçoca, o pé de moleque..." e os olhos brilhavam enquanto ela listava os quitutes como quem multiplica nos dedos todas as conquistas boas da vida.

Cavando a minha memória, tentei lembrar se alguma amiga jovem era mais uma maravilhosa mulher dessa estirpe clássica: as listadoras de comida. Não lembrei de nenhuma.

Eu mesma tenho uma relação criminosa com docinhos de festa: como muitos seguidos e deslizo vários para dentro da bolsa, levando sempre um arsenal para casa. Mas não os listo, não canto cada um dos sabores para as minhas amigas — e não foi surpresa nenhuma quando ganhei uma caixa de chocolate meio amargo de presente. Eu nem gosto de chocolate, muito menos meio amargo, mas não havia entrada alguma para esse conhecimento sobre mim, mesmo em anos de amizade, afinal, todo conhecimento é da ordem da observação e da comunicação — e a verdade é que, quando a conversa com as minhas amigas contemporâneas entra na seara comida, não é raro a espinha dorsal ser a restrição. Ouço sobre escolhas menos calóricas fantasiadas de saudáveis. Ouço sobre mortadela, e sobre como faz mal. Ouço sobre Ozempic. Ou não ouço nada. Ou o assunto se ausenta na fala, sem nunca deixar de ser servido em forma de saladas, refrigerantes zero, diets e a falta de sobremesas.

A clausura da vida das mulheres já foi ambiental, quando não podíamos trabalhar ou mal sair de casa sem a autorização de um homem, e remontar mentalmente esse período é como assistir a um filme sépia, ou com figurino curioso, totalmente descolado da realidade. Uma forma de distanciar de nós mesmas o que nossas bisavós, trisavós, tias Ninas e donas Salomés tinham como vida e, de alguma forma, pensar que a porta hoje está aberta para transitarmos livremente pelo mundo. Nos agarramos a esse espaço liberado a contragosto pela sociedade que nos lembra o tempo todo como as ruas não são nossas, visto o risco de violência quando andamos sozinhas em lugares ermos. Celebramos a conquista do mercado de trabalho mesmo que a jornada dupla e tripla* seja um post-it colado na nossa testa, e esquecemos de dar conta da camisa de força segurando nossos braços e marcando nossa pele.

A maioria de nós não está presa às paredes do lar, mas segue restrita em prazeres. Por séculos, o domínio do nosso corpo e do nosso gozo, com o intuito de controlar a origem genética das proles e manter as heranças comprovadamente dentro das famílias consanguíneas, trancou o nosso sexo e transformou em um gatilho de filhos. A revolução sexual, que culminou na década de 1960, com a chegada das pílulas anticoncepcionais, abriu algumas frestas de respiro para a nossa satisfação, embora os títulos carinhosos de piranha, mulher fácil e tantos outros xingamentos acompanhem quem segue o próprio desejo publicamente.

Só na quarta onda feminista, a que vivemos atualmente, os rótulos por comportamentos sexuais foram apontados e condenados na mídia, nas rodas de conversa e até mesmo em julgamentos. No dia 23 de maio de 2024, foi votado no Supremo Tribunal Federal a inconstitucionalidade de perguntar sobre o comportamento sexual ou o modo de vida da vítima em crimes de violência contra mulheres, uma estratégia antiga de advogados para desqualificar mulheres assediadas e violentadas, como se a nossa roupa ou comportamento fosse um convite irrecusável. Ainda falta, mas não dá para não perceber os avanços. Aos poucos as amarras se soltam e o sangue volta a circular.

Mas existe outra opressão que segue apertando nossos prazeres: a magreza como definidora de caráter, competência e beleza. Enquanto nos séculos anteriores o espartilho limitava a oxigenação do cérebro deixando mulheres mais lentas e fatigadas, a magreza excessiva atual nos leva pela mesma estrada limitando os nutrientes e chamando nossa inanição de "moda". Buscamos a aceitação de outras mulheres, a admiração de homens e a leitura de competência e disciplina — todas impressas em corpos esquálidos que raramente condizem com nosso biotipo ou idade — sem perceber como tolher nossa alimentação é uma forma de, também, tolher nossa vida.

A restrição alimentar, além de ser um freio de mão na nossa gana de lutar (afinal, quem com fome luta?), também seca uma fonte de prazer. Na nossa casa, no trabalho e em situações sociais, as refeições não são só um ritual para ingestão de nutrientes. As refeições são um momento de confraternização com os nossos iguais e de satisfação extrema. Sentir prazer em cada garfada é enxergar beleza no mundo — e eu não estou sendo poética.

Carboidratos, a categoria alimentar mais vilanizada, são responsáveis pela produção de serotonina em nosso corpo, nossa fonte natural de felicidade e bem-estar. Nossas avós diziam que saco vazio não para em pé. Corpo sem serotonina também não faz revolução. Um estudo da Universidade de Toronto, publicado na revista *Proceedings of the National Academy of Science*, revelou que pessoas mais felizes são mais criativas. O pesquisador Adam Anderson declarou: "Isso não é uma metáfora, a felicidade influencia realmente nosso modo de administrar as informações visuais que recebemos". A criatividade é a chave para a busca de soluções, o que nos possibilita viabilizar mudanças no mundo e na forma que somos tratadas. Se não conseguimos vislumbrar essas viradas, não conseguimos executá-las, por isso não é errado dizer que o primeiro passo para mudar uma realidade ruim é um exercício de criatividade.

Sem perceber, ganhamos as ruas e liberdade para circular, mas, em troca, estamos dando não só a nossa fome e nutrição, mas também nosso prazer. Podemos trabalhar, ir a bares, teatros, mas sem qualquer plenitude e sem ocupar muito espaço — ou a hostilidade vem.

Para termos paz publicamente sem ouvir comentários sobre nossos corpos, existe uma estirpe de mulheres em extinção: as maravilhosas listadoras de comidas. Não sei vocês, mas eu acharia tristíssimo viver em um mundo sem os olhos brilhando da dona Salomé ou sem a Tia Nina esticando os dedos para mostrar o tamanho do camarão delicioso que ela comeu no casamento. Mulheres não só orgulhosas de comer. Orgulhosas de sentir prazer na comida.

Para tentar evitar esse desaparecimento, eu começo: no último casamento que fui, tinham docinhos deliciosos. Comi beijinho de coco desses cobertos de coco ralado, o meu favorito. O brigadeiro estava com massa macia, derretendo na boca. A surpresa de uva eu nem consigo descrever, tinha tanto brigadeiro branco em volta!...

MEU OZEMPIC

Eu estava em um evento de trabalho quando ouvi a frase:

— A luz acabou e eu fiquei desesperada de perder o MEU OZEMPIC que estava na geladeira. Deus me livre de perder o meu Ozempic.

Meu Ozempic. Meu.

Esse pronome possessivo, jamais aplicado a um Tylenol ou Epocler, me lembrou imediatamente a minha avó reclamando aos berros sobre a gente fazer bagunça na "MINHA COZINHA". Bastava uma louça extra na pia ou molhar onde não devia para o pronome ecoar pelo corredor do apartamento. Não existia a sala dela. Nem o quarto. Tudo era de todos, exceto o lugar onde ela passava boa parte do dia fazendo doces para fora e comida para a família. Lugar onde ela estava constantemente mal-humorada e sobrecarregada, mas que fazia questão absoluta, ao menos no discurso, que fosse dela.

Me chamou a atenção como estamos dispostas a fincar bandeira nos territórios onde há reconhecimento das nossas ações sem avaliar se aqueles locais são nossa liberdade ou prisão.

O culto à beleza faz parte da vida da mulher desde que o nosso valor foi depositado em ser escolhida para casar, e as consequências dessa objetificação se aprofundaram com o tempo. Os espartilhos, tão usados como símbolo, cederam lugar às redes sociais que hoje nos apertam com tratamentos de fotos, filtros e comparações com outras mulheres cuja vida e corpo reais a gente desconhece.

O movimento *body positive*, que ganhou força em 2010 com influenciadoras mostrando corpos reais e saudáveis, está no alvo da contracultura. A moda recuou para meados de 1990, trazendo de volta roupas de cintura baixa, tops curtos e, com ela, a "barriga negativa", ou *heroin chic*, em uma alusão perturbadora à magreza provocada pela droga. A mudança foi protagonizada pela indústria da moda e rapidamente adotada por celebridades e personalidades da internet, pessoas que sempre foram o espelho aspiracional de mulheres.

Para seguir a tendência, que trata nossos corpos como pedaços de tecidos que podem ser costurados e retorcidos, a venda do remédio Ozempic, cujo objetivo primário é o tratamento para diabetes do tipo 2, mas que tem o emagrecimento como efeito colateral, disparou. Em 2024, o uso *off-label* tornou a empresa dinamarquesa Novo Nordisk, produtora do medicamento, a mais valiosa da Europa, ultrapassando o conglomerado de moda LVMH. Atualmente, a empresa farmacêutica está avaliada em 431 bilhões de dólares, o que dá uma noção de quanto vale a insegurança com o nosso corpo — e deixa bem claro quem lucra com o "nosso Ozempic", que de nosso não tem nada.*

Se o primeiro reconhecimento de valor vem com a aparência, o segundo vem com a servidão após o casamento. Cuidar dos filhos, da casa e nutrir a família de todas as formas possíveis é o que sempre constituiu uma "boa mulher", basta observar os conteúdos das décadas passadas produzidos em revistas femininas que oscilavam entre nos tornar uma *expert* no prazer do homem, receitas para o bolo perfeito e ginástica para empinar o bumbum.

---

* **OZEMPIC vira fenômeno no Brasil e gera R$ 3,7 bilhões em vendas.** *AMB.* Disponível em: https://amb.org.br/brasilia-urgente/ozempic-vira-fenomeno-no-brasil-e-gera-r-37-bilhoes-em-vendas/. Acesso em: 16 jul. 2024.

Pode parecer que estamos falando de um passado remoto, mas as redes sociais mais frequentadas pela Geração Z (os nascidos entre 1995 e 2010) desmentem. A vida de *trophy wife* (esposa troféu) é uma das tendências mais replicadas em vídeos mostrando a rotina "perfeita" para um grupo enorme de jovens. São mulheres de 20 e poucos anos, casadas e com filhos, filmando um dia a dia em que se acorda às 5 horas da manhã para fazer o café da família, arrumar as crianças para a escola e faxinar casas enormes — tudo com filtros coloridos e trilha sonora suave. O passado que pariu ao menos duas ondas feministas está em alta outra vez entre os mais novos.

Saindo das redações e mundo digital para entrar em nossas casas, não é raro ler e ouvir declarações de amor de filhos e netos baseadas na dedicação sem limites da responsável pelos cuidados.

Eu fui criada pela minha avó em uma clássica família brasileira formada por uma mãe divorciada, um irmão e uma avó dando suporte para a filha. Na morte dela, precisei cavar fundo memórias e qualidades que não tinham o cuidado como fio condutor. Lembrava rapidamente do almoço que ela cozinhava, das reclamações pela bagunça na cozinha, do cafuné quando eu ficava doente, características lindas e valiosas, mas contaminadas pelo que ela oferecia e não por quem ela era.

Eu nunca havia pensado no cuidado e na aparência como um escambo por amor e admiração, mas a verdade é que tomar esses dois pontos como formadores da nossa personalidade é aceitar migalhas e declarar a nossa falência como indivíduo complexo. É gastar pronomes possessivos no pouco que definem como nosso, sem examinar o que de fato o é.

O tempo tem me feito abrir mão de posses. Evito chamar Livia de "minha mulher" porque a presença dela em minha vida é vontade. Evito chamar o trabalho de "minha agência" porque ela é construída por muitas pessoas. O único lugar fincado como meu é a minha liberdade e o desprendimento de tentar todo dia não me enclausurar nas armadilhas disfarçadas de lar. Essa característica que independe de alguém ao meu lado ou da aprovação alheia é certamente minha.

QUITINETE

Quando a Carrie Bradshaw ficou viúva depois de quase vinte anos de casamento (sim, eu sou uma fã irremediável de *Sex and the City* e de todos os desdobramentos possíveis e imagináveis, por piores que sejam. Amo todos.), ela saiu do apartamento gigantesco e confortável que dividia com o marido e voltou para a primeira quitinete em que morou, em Manhattan. A personagem abriu mão da cozinha cheia de armários, uma ilha com tampo de mármore, um *closet* tão espaçoso que comportava fácil uma festa para vinte convidados, incluindo *open bar,* e uma sala espaçosa e iluminada pelo conjugado no qual, na juventude, a personagem levava namorados e amigas, nunca no mesmo dia por risco de superlotação. Ao chegar no apartamento, Carrie se olhou no espelho, colocou o famoso colar dourado com o próprio nome em letras cursivas e começou uma construção de quem ela seria depois do sacolejo violento da morte do marido.

As grandes cisões da vida são partos para novas versões de nós mesmas. A morte de alguém que amamos, um divórcio doloroso, a perda de um trabalho, o nascimento de um filho, ninguém sai incólume de grandes impactos, mas, como toda grande mudança, é preciso tempo de gestação até que cada osso, dente e fio de cabelo se forme novamente, como antes ou de modo completamente novo.

Uma das minhas melhores amigas, depois de ter a primeira filha, enfrentou um princípio de depressão pós-parto. O vazio de si era enorme, e, entre choros, ela procurou as amigas que já eram mães, compartilhando a experiência que, com sorte, algumas delas já tinham vivido. Além das mãos maternas, um dos movimentos mais importantes foi a busca pelas amigas sem filhos. As que conversavam despreocupadas sobre as roupas da moda, o restaurante japonês recém-inaugurado em um bairro próximo e as fofocas de subcelebridades fervendo nas redes sociais. Nessa hora, ela não desbravava a nova pessoa em formação, cheia de dúvidas e medos, nascida junto com a filha. Nessa hora, entrava em contato com o "antes", com as alegrias, gigantismos e pequenezas que haviam levado ela até a maternidade de forma tão feliz. Era como entrar em um quarto fechado cheio de roupas antigas especiais guardadas, ingressos de shows vistos, cartas extensas em amor. Uma memorabília de tudo que ela havia sido e, em algum lugar adormecido, ainda era. Vasculhar essas memórias em encontros divertidos foi a construção da ponte para a nova mãe, sem deixar pelo caminho pedaços caros dela mesma.

Eu carrego duas grandes separações em minha história. A do meu primeiro marido, com quem fiquei por sete anos, e do meu segundo — com quem me relacionei por doze. No primeiro término, eu havia me fechado em um mundo de dois. Interagia pouco com amigas, dedicava todo o meu tempo à construção de um lar, de uma família, como mandava o figurino feminino: a felicidade está em uma mesa posta. A felicidade está em uma casa organizada. A felicidade está em um marido bem-sucedido, e um marido bem-sucedido precisa de uma mulher dedicada.

A felicidade está da porta para dentro. Dancei a dança das comprometidas, das sortudas da sociedade, das escolhidas por um homem digno, como se o nosso valor estivesse nessa passividade estranha em receber o olhar do outro para incorporar uma aprovação no dedo anelar. Quando olhei em volta e finalmente entendi que aquela vida tinha sido escolhida para mim (e não por mim), tirei o anel e me vi de mãos abanando e pés descalços. Encontrar outro caminho parecia impossível e passei um tempo perdida até tomar um chopp em um bar xexelento com uma amiga que não encontrava fazia anos. Foram horas de risadas, duas rodadas de choros, muitas tulipas e, no dia seguinte, uma ressaca abissal que me deixou de cama e feliz, como há muito não me sentia. Eu tinha a mim mesma, eu tinha a minha história prévia e eu tinha as minhas pessoas.

No segundo relacionamento, já calejada do primeiro susto, sempre fiz questão de deixar um espaço para as amigas que me acompanhavam desde sempre — e as que foram se juntando ao caminho depois. Estar com elas em toda oportunidade possível era tão sagrado quanto fora tomar café da manhã todos os dias com o meu ex-marido — e café da manhã para mim é coisa séria. Compartilhava a escuridão dos porões da minha alma, ouvia barbaridades da vida delas e, sem julgamentos ou pretensões de superioridade, construí pontes firmes, fundamentadas na confiança, companheirismo e, também, na rotina compartilhada.

Adultos sabem que a vida é uma loucura e nem sempre estar ao lado do outro é possível, mas a gente também sabe que as prioridades e movimentos de busca precisam partir da gente. Quando meu segundo casamento acabou, eu tinha cidades inteiras para onde correr quando não queria me enclausurar em um mundo, agora, solitário. Tinha histórias, colo, convites de festas, Netflix, noitadas e amparo por todos os lados.

Eu sei que precisamos construir nossos alicerces internos, e precisamos mesmo. Mas abalos sísmicos chegam muitas vezes sem aviso e ninguém está livre de pequenas rachaduras. Também sei que existe uma valorização exagerada em se manter de pé sozinha, como se fôssemos lobas solitárias e "quem fizer mais sem ninguém vence". Eu atribuo esse ideal de comportamento a um "cada um por si" selvagem do capitalismo que ameaça colocar a dependência de pessoas em um lugar doentio e frágil. Depender de pessoas é humano. Somos animais de bando. Vivemos aglomerados em tribos, constituições familiares, bairros, religiões porque é dessa forma que sobrevivemos desde o início da humanidade — e porque assim somos mais felizes. Não é fraqueza ter sua rede e contar com ela em momentos de alegria e, também, de necessidade. Fraqueza é não ter ninguém. É não ser capaz de cultivar laços necessários para uma vida plena. Todas as vezes que me perdi de mim mesma (e não foram poucas), precisei do meu silêncio, das minhas perguntas internas, das minhas respostas elaboradas, mas também precisei profundamente de diversas mãos dadas comigo, se revezando em amor e presença.

Diferente da Carrie Bradshaw, eu não tenho um apartamento em Manhattan no qual posso buscar por mim mesma e lembrar de como minhas pernas me sustentavam de pé antes do choque, mas eu tenho minhas amigas. As guardiãs das minhas histórias mais assustadoras, das minhas derrotas, que não são poucas, e dos louros infinitos das vezes que venci. As pessoas cientes que a minha resistência a uma ideia costuma ser mais medo do que chatice. As mulheres com quem briguei inúmeras vezes, pedi desculpas, concedi perdões, abracei apertado, fiquei tempos vendo séries, sem fazer nada, com quem passei tempo em outros países, na pracinha ao lado de casa e até no mercado. Eu posso não ter um espaço físico que me represente, e acho até melhor porque espaços físicos podem deixar de existir por inúmeras razões. Mas tenho um lugar para me reconectar comigo e reconstruir minhas partes perdidas, e esse lugar é ao lado das minhas amigas.

(Para Dani, Flavia e Xuxu,
que, em qualquer lugar do mundo,
sempre serão minha quitinete em Manhattan.)

O AMOR PODE SER UMA ESTANTE EMPENADA

Quando Livia se mudou para cá, trouxe junto uma estante de prateleiras empenadas que teria apenas o lixo como destino perfeito, mas a alma acumuladora dela julgou que merecia mais uma temporada no apartamento que dividimos. Por mais que, atualmente, o mundo esteja em um sanhaço de "ninguém é obrigado a aturar nada", estar junto é um mar de concessões — desses que por vezes refresca e por outras afoga. Respirei fundo e a estante veio.

Testamos o raio do móvel em todos os cômodos possíveis, e o resultado foi desastroso, exatamente o que se espera de madeiras empenadas. Na área, parecia um entulho, no quarto dos fundos, era cabeçada na certa e, quando estávamos quase desistindo, medi uma reentrância enorme e vazia na cozinha. O espaço já havia sido cama e comedouro da minha cachorra, canto de bagunça, e fazia um tempo que eu pensava em comprar algumas prateleiras para transformá-lo em despensa, desses projetos que a gente sonha e guarda na gaveta para quem sabe um dia.

Medi e era exatamente do tamanho da tal estante, tão exatamente que qualquer farpa impediria o encaixe. Colocamos o móvel ali suavemente, e a gruta sem serventia virou uma belíssima despensa, da forma que eu havia sonhado. Comprei os potes que colecionei em mil referências de Pinterest, etiquetei, empilhei os temperos em uma bandeja giratória de madeira belíssima e em pouquíssimo tempo aquele monte de madeiras tortas virou o detalhe dos sonhos da cozinha do nosso apartamento. Aquele encaixe perfeito virou uma espécie de sinal, afinal, um móvel feito sob medida para outro apartamento se ajustar na casa que havíamos escolhido para morar eram os deuses organizando esse encontro das prateleiras com o vão da cozinha, e o meu encontro com a Livia.

Antes das câmeras digitais e celulares potentes, só era possível ver fotos após a revelação. A gente fotografava a paisagem ideal da viagem perfeita e, quando buscava as imagens na loja da Kodak do shopping, às vezes vinha um borrão, às vezes, um dedo na frente da lente, outras vezes, uma lata de lixo furtiva figurando no cenário. A rotina funciona de forma parecida entre os casais, revelando os tropeços e as falhas do outro, e as nossas também. É no dia a dia que a gente descobre se alguém não toma banho diariamente, se ouve TV alto demais ou se, quando o calo aperta, tem dificuldades de segurar a própria onda. O fim da idealização vem a conta-gotas para os namorados e a galope para os casados.

Nas prateleiras, começou com os vidrinhos de temperos caindo na parte de trás, também conhecido como o vão do nunca-mais. A junção entre madeira e parede era tão justa que alcançar os fundos era uma missão praticamente impossível. Além dos temperos, caiu um saco de pão e sabe deus mais o quê. No casamento, foram minhas reações intempestivas em discussões e a dificuldade de Livia em largar os pequenos atritos. Dos dois lados, mulheres muito certas do que queriam, de quem seriam, personalidades com pouquíssimo espaço nas laterais. Onde um se expande demais, não há espaço para o outro. A condição é confortável para as idealizações, afinal, projetamos exatamente as nossas faltas que podem ser ocupadas pelo parceiro ou parceira, mas traz um atrito forte na construção do relacionamento real.

Quando projetamos o que queremos em outra pessoa, nos fechamos para quem ela é e qualquer passo fora da coreografia que criamos se torna uma decepção. Esse caminho desemboca invariavelmente nas incertezas do amor do outro pela gente e, também, no questionamento dos nossos próprios sentimentos. Se fomos feitos um para o outro (ah, o clichê), como é possível a falta de concordância e os conflitos? A perfeição, assim como a estante, também não deixa respiro para a realidade.

O amor real, a única forma que conheço para manter pessoas juntas e felizes, acontece no espaço vazio que abrimos para receber a inteireza do outro. Nos pilares fortes, e também deficitários, porque nem tudo é perfeito, que erguemos juntos. Nada nunca vai funcionar tão bem como na nossa imaginação, por isso é preciso firmar os pés na vida.

A estante empenada segue no mesmo lugar, apenas com utensílios grandes que não escorregam para o Vão do Nunca--mais. Os temperos foram parar em outro móvel, construído em uma parede pelada da cozinha onde nunca pensei em colocar nada. Ficou perfeito.

LIVRE, ENFIM

Frequentar a academia cheia de homens suados que comem frango e ovo, passar pela catraca insalubre e malhar sempre foram detalhes incômodos da minha rotina. Eu tinha preguiça de levantar. Desânimo para escolher a roupa e um cansaço colossal de andar por entre aqueles machos urrantes com fones de ouvido. Eu batia ponto diariamente porque fazia bem para saúde e porque eu sofria (sofro, dependendo do mês) da síndrome dos "dois quilos a menos". A gente sempre acha que pode perder uns dois ou três quilos, e que esses dois ou três quilos vão mudar a nossa vida — e estamos erradas.

Atrás dessa rotina perfeita, que nos catapulta para o terceiro ou quarto lugar no pódio das mulheres "que se cuidam" (os primeiros lugares são inabitados), eu enfrentava esse desconforto sem entender ao certo por que ele dava as caras toda vez que eu pisava em uma academia, ou oficina de carros ou bares dedicados a futebol e cerveja artesanal — ambientes amplamente masculinos. Estar sozinha em locais vulneráveis e ruas desertas é sempre um ponto de atenção para nós, mulheres, mas esse desconforto incomodava em outra esfera.

A pandemia veio e trouxe com ela a minha bissexualidade na forma mais explícita: separada depois de doze anos de um relacionamento com um homem, comecei a namorar uma mulher. A minha bolha privilegiada permitiu que o meu mundo continuasse no mesmo marasmo isolado — tanto por ser possível me manter em casa como pelo recebimento da Livia em minha vida. Não só a minha família mas também os meus amigos trataram o relacionamento com a naturalidade que merece. Fora as cicatrizes rasas do isolamento, nada parecia ter mudado muito na volta às ruas... até eu pisar de novo em uma academia.

Pela primeira vez em 35 anos, o ambiente suado e opressor não tinha qualquer impacto sobre mim. Não pensei na roupa que usaria, e provavelmente fui com uma camiseta velha e um short que me desse mobilidade para correr. Não me importei em revezar aparelhos. Não cruzei a catraca com ar desconfiado, atenta ao ambiente, aos olhares e a quem me rodeava. O fenômeno se repetiu na oficina de carros, quando uma batidinha no trânsito me obrigou a entrar em um estabelecimento do tipo. A mesma indiferença me abraçou em um bar cheio de homens vendo futebol. As reuniões de trabalho em mesas cheias de caras grisalhos perderam mais da metade do peso, e colocar a minha opinião, de forma veemente se fosse necessário, não me causou qualquer frio na barriga.

A liberdade que eu vivia não tinha lastro na pandemia porque a minha interação social ia de mal a pior. Toda a habilidade geminiana, cultivada em uma vida inteira, de puxar assuntos do etéreo estava perdida e eu havia virado a rainha dos silêncios constrangedores. Encontrar semiconhecidos, atividade amada por qualquer puxador nato de assuntos, se tornou meu pior pesadelo e, se o título de nova rainha-do-mato existisse, eu ia botar uma briga boa por ele. O que havia, então, mudado?

A resposta era minha bissexualidade devidamente internalizada em um relacionamento com uma mulher. Embora a conclusão tenha sido rápida, me exigiu uma elaboração de meses. Um detalhe que sempre esteve em mim, mas que agora era público, virou do avesso a minha forma de estar no mundo.

Os memes sobre o mapa da fome da mulher hétero falam muito sobre a oferta de homens interessantes e honestos disponíveis — e o mapa não é da fome à toa, minhas amigas. O que essa brincadeira não menciona é a rasteira que a necessidade da aprovação masculina dá em nossa vida de forma tão sistêmica. O impacto existe mesmo quando não há possibilidade de flerte, como em uma reunião de trabalho ou uma academia cheia de homens que nunca me interessaram nem por meio segundo.

A insegurança pode nos fazer buscar a aprovação das nossas amigas, familiares, e essa necessidade é um mecanismo comum para nos sentirmos aceitos. Christian Dunker, professor titular de psicologia da USP, fala que "dependemos do olhar do outro para descobrir quem somos, mas não podemos nos tornar alienados ao desejo alheio, sem conseguir alcançar o caminho da autonomia".* Existe um equilíbrio entre não nos isolarmos em nossas certezas e congelar com receio de pronunciá-las. Quando o que está em jogo é nosso senso de valor próprio, e já falamos muitas vezes sobre o apelo que ser bem vista por homens tem na vida de mulheres, é mais fácil a balança pender para a paralisia — e quanto de vida se perde quando só nos movimentamos aferindo o que eles estão pensando sobre nós.

A rivalidade feminina é outra consequência desagradável e comum quando o peso do olhar masculino se infiltra em nossas ações. Toda mulher tem, em algum lugar da própria história, uma marca sobre esse assunto. Eu já fui alvo e bala. Lembro, na época da escola, quando fotos do passeio

---

* **Até que ponto precisamos da aprovação dos outros? Entenda qual é o limite.** UOL. Disponível em: https://www.uol.com.br/vivabem/noticias/redacao/2019/05/16/ate-que-ponto-precisamos-da-aprovacao-dos-outros--entenda-qual-e-o-limite.htm. Acesso em: 16 jul. 2024.

que havíamos feito para um parque aquático começaram a circular. Eram imagens de adolescentes de 13 anos se divertindo no toboágua, bronzeados no ônibus de volta e posando de biquíni em piscinas gigantescas. Não demorou muito para os comentários se aprofundarem no corpo das meninas. Hormônios em excesso e a falha na educação de meninos causa esse tipo de situação. Ao ouvir os adjetivos sobre uma foto minha, uma das minhas amigas mais próximas interveio para discordar, dizendo que não achava meu corpo bonito, que eu tinha perna fina e bunda pequena. Eu lembro a estranheza em ouvi-la maldizer meu corpo, e, embora eu não tivesse a menor condição de entender ou nomear o que havia acontecido, nossa amizade nunca mais foi a mesma. Também lembro quando um namorado flertou abertamente com uma amiga minha — e foi retribuído. Eu passei anos vendo a ação se repetir em situações que nada tinham a ver com o que vivi, e mais tantos outros criticando a respiração dessa amiga. Sem conseguir externalizar que o meu ódio era à falta de respeito e cuidado que havia sofrido do meu parceiro, odiei por anos essa outra mulher. Como disse, já estive nas duas pontas da história, assim como a maioria de nós.

 As consequências por trazer tão impresso o peso do olhar dos homens reverberam por anos e em diversos caminhos. Se os nossos impulsos não encontrarem a barreira ou o eco da opinião masculina ditando o que é aceitável em nosso cangote, quais caminhos podem se desdobrar diante de nós?

 Eu precisei me livrar da necessidade de um homem na minha vida para colocar na ponta da língua essa liberdade, complicada de ser pleiteada antes, já que nem os muros eu enxergava. Saber em cada poro que as felicidades de casar, transar ou ter filhos independem de uma pessoa do sexo oposto e tomar consciência da inexclusividade da atração por homens foi o meu caminho para transitar pelo mundo em paz.

Conversei com mulheres heterossexuais que acharam esse botão precioso do "foda-se" fazendo as pazes com a vida de solteira e entendendo que não significa solidão. Nossas amigas, nosso carro-forte sentimental e onde nos sentimos mais seguras, sempre vão estar ao nosso lado.

Existem diversas formas de chegar nesse lugar, independentemente da nossa sexualidade. E é só engrenando nessa marcha que a gente se descobre e se mostra de verdade para o mundo — e é só vivendo a nossa verdade pessoal e intransferível que a mágica acontece.

DESOBEDIÊNCIA

Quando a gente ouve mulheres nos dizendo "fala mais baixo" e quando a gente ouve "seja mais educada" e quando a gente ouve "essa roupa é vulgar" e quando a gente ouve "não precisa falar tudo o que pensa" e quando a gente ouve "mulheres não deveriam se comportar assim" e quando a gente ouve "não sobe na árvore de saia" e quando a gente ouve "veste a saia e não o short" e quando a gente ouve "não cai assim senão vai marcar suas pernas" e quando a gente ouve "não chora assim senão vai marcar seu rosto" e quando a gente ouve "não gesticula assim ou as pessoas vão notar" e quando a gente ouve "descruza os braços" e quando a gente não ouve nada quando coloca a mão na cintura, e quando a gente ouve "não rebola assim" ou quando a gente ouve "mulher tem que dar assim" e quando a gente ouve "mulher não pode dar para muitos" e quando a gente ouve "mulher piranha não presta" e quando a gente ouve "mulher tem que ser piranha com o marido ou ele procura outra" e quando a gente ouve "não pode engordar na gravidez" e quando a gente ouve "mas tem que ter filho" e quando a gente ouve "cuidado para não estriar a barriga" e quando a gente ouve "usa sutiã ou o peito cai" e quando a gente ouve "não reclama pela bênção que é cuidar dos filhos" e quando a gente ouve esse emaranhado de palavras e vai desfiando sílaba a sílaba, desfazendo as vogais, esticando os fonemas, é possível ouvir a dúvida por trás de cada uma delas ecoando o real temor por trás de tantas ordens. O medo é: "Se você fizer isso, quem vai te querer?".

A verdadeira desobediência é embolar novos significados ao nosso próprio desejo. A verdadeira desobediência é existir em todos os lugares da forma que quisermos e quebrar com um sistema que nos picota em moldes pré-fabricados criando nós mesmas nossos espaços de felicidade. Essa ideia insana e disruptiva de se enxergar em um mundo que nos apaga. E, se nos chamarem de louca, ter a certeza de que estamos no caminho certo.

Nós, as putas, as debochadas, as bissexuais, as sapatão, as artistas, as diabas, as malucas, as questionadoras, somos o grande ato de desobediência.

AGRADECIMENTOS

Por muitos anos, rejeitei a ideia de escrever um livro. Me imaginar, mesmo que por meio segundo, sentada em uma cadeira digitando páginas e páginas saídas da minha cabeça me causava pânico. Obrigada a todos que me demoveram desse medo disfarçado de horror.

Livia Vianna, por ser sempre a minha primeira leitora e o meu grande amor. Alice Mello, editora e amiga, que me pegou pela mão e me sentou na cadeira de autora. Dani, Flavia e Julia por me ensinarem, dia após dia, como a amizade feminina move montanhas. Meu avô Nelson, que me dava livros de Natal, e meu irmão Pedro, que de tanto me encher o saco na infância, praticamente me obrigava a me trancar em um quarto para escrever, me fazendo assim descobrir uma grande paixão.

Para cada pessoa que me mandou mensagem ou comentários dizendo "você deveria escrever um livro".

Para minhas "vós", Walkyria e Ormínia.

Para minha mãe, Luiza.

Sem elas, eu não teria nada a acrescentar.

Este livro foi impresso pela Santa Marta, em 2024, para a HarperCollins Brasil. O papel do miolo é pólen bold 90g/m² e o da capa é cartão 250g/m².